Mitten im Krieg. Mitten in Regensburg

Schriftenreihe des Universitätsarchivs Regensburg

Band 5

Herausgegeben vom Präsidenten der Universität Regensburg

Redaktionell verantwortlich ist das Universitätsarchiv.

Bernhard Lübbers · Isabella von Treskow (Hg.)

Mitten im Krieg.
Mitten in Regensburg

Französische Kriegsgefangene des Ersten Weltkriegs
in der Donaustadt

Universitätsverlag Regensburg

Umschlagabbildung: Artikel über das Lagertheater aus *Le Pour et le Contre*
(Staatliche Bibliothek Regensburg, Signatur: IM/4Rat.civ.369) und Aufnahme von zwei
Darstellern der Aufführung *Die Affäre Rue de Lourcine* vom 17. Juni 2016
(Foto: Akademie für Darstellende Kunst Bayern).

Bibliografische Information der Deutschen Nationalbibliothek
Die Deutsche Nationalbibliothek verzeichnet diese Publikation in der Deutschen
Nationalbibliografie; detaillierte bibliografische Daten sind im Internet über
https://dnb.de abrufbar.

1. Auflage 2024
© 2024 Verlag Schnell & Steiner GmbH, Leibnizstraße 13, 93055 Regensburg
Umschlaggestaltung: Anna Braungart, Tübingen; Dr. Andreas Becker, Regensburg
Satz: Vollnhals Fotosatz, Neustadt a. d. Donau
Druck: Hubert & Co. GmbH und Co KG, Göttingen

ISBN 978-3-86845-179-5

Alle Rechte vorbehalten. Ohne ausdrückliche Genehmigung des Verlags ist es nicht gestattet,
dieses Buch oder Teile daraus auf fototechnischem oder elektronischem Weg zu vervielfältigen.

Weitere Informationen zum Verlagsprogramm erhalten Sie unter:
www.universitaetsverlag-regensburg.de

Inhalt

Isabella von Treskow/Bernhard Lübbers:
Vorbemerkung 7

Teil 1: Mitten im Krieg, mitten in Regensburg 11

Isabella von Treskow: Die Artikel-Serie *Ratisbonne à travers les âges* zur Geschichte der Stadt und ihrer Umgebung in der Zeitung der französischen Kriegsgefangenen *Le Pour et le Contre*, 1917 13

Manfred L. Weichmann: *Ratisbonne à travers les âges* – Regensburg im Wandel der Zeiten 19

Alfred Besancenot: Regensburg 20
I. Regensburg im Wandel der Zeiten 20
II. Die Umgebung von Regensburg 49

Teil 2: Theater und Musik im Kriegsgefangenenlager Regensburg während des Ersten Weltkriegs. *Die Affäre Rue de Lourcine* von Eugène Labiche und ausgewählte Musikstücke 53

Bernhard Lübbers/Isabella von Treskow: Vorwort 55

Susanne Fontaine: Café-concert und „Karfreitagszauber". Musik im Regensburger Kriegsgefangenenlager 59

Wolfgang Asholt: Ein Modell des Vaudeville-Boulevardtheaters: *L'Affaire de la rue de Lourcine* von Eugène Labiche 65

Isabella von Treskow: Haltung wahren. Loslassen. Zum Theaterspiel und der Aufführung der *Affaire de la rue de Lourcine* im Kriegsgefangenenlager Regensburg (1914–1918) 72

Theater und Musik aus dem Kriegsgefangenenlager Regensburg 85

Teil 3: Sehnsucht nach Frieden. *La Paix chez soi (Der häusliche Friede)* von Georges Courteline. Analyse und Erläuterungen zu den Aufführungen in den Kriegsgefangenenlagern Regensburg und Amberg-Kümmersbruck im Ersten Weltkrieg 89

    Bernhard Lübbers: Vorwort 91

    Isabella von Treskow: Sehnsucht nach Frieden. *La Paix chez soi* und der Kampf der Geschlechter 93

    Françoise Höcherl: La Compagnie des Camaïeux 112

    Dominik Bohmann: Rund um den „häuslichen Frieden": *Les Ratis-Bouffes* und das Lagertheater am Unteren Wöhrd 114

    Isabella von Treskow: Vokabelhilfe für *La Paix chez soi* von Georges Courteline (1903) 122

Teil 4: La pratique théâtrale en cours de FLE 125

    Adrien Payet: *La pratique théâtrale en cours de FLE* 125

Weiterführende Literatur zu den drei *Kleinen Schriften der Staatlichen Bibliothek Regensburg* 132

Index 134

Vorbemerkung

Die in Regensburg erschienene Kriegsgefangenenzeitung *Le Pour et le Contre – Journal hebdomadaire des Prisonniers de Regensburg*, erschienen in 39 Nummern zwischen Juli 1916 und April 1917, wurde im Winter 2008 für die Staatliche Bibliothek Regensburg erworben.[1] Damals war noch nicht abzusehen, dass dieser scheinbare Routinevorgang regionalbibliothekarischer Arbeit Weitungen erfahren sollte, die nicht ganz alltäglich sind, ja mehr als das, sogar gänzlich neue Impulse für die Forschung setzen würden. In den darauffolgenden Jahren zeigte sich, dass die Zeitung aus dem Ersten Weltkrieg selbst vergleichsweise selten war und zudem – wie das gesamte Lagerleben in Regensburg – vollkommen unerforscht. Ihre Existenz war zwar bekannt, der Inhalt jedoch nicht, bis dato bildeten sie und all das, was sich durch sie in Erfahrung bringen lässt, weiße Flecken auf der Forschungslandkarte. Das hat sich inzwischen geändert. Es entstand das große Forschungsprojekt „Mitten im Krieg – mitten in Regensburg" zwischen der Universität Regensburg, Romanistik, und der Staatlichen Bibliothek Regensburg, großzügig unterstützt vom Kulturreferat der Stadt Regensburg mit einer Projektlaufzeit von 2015 bis 2019. Es ging daraus die Reihe *Kulturgeschichtliche Forschungen zu Gefangenschaft und Internierung* im Verlag Pustet hervor, in der wir drei grundlegende Bände herausbringen konnten, ein vierter befindet sich derzeit in Vorbereitung.[2] Auch das war 2016 noch nicht zu überblicken. Damals

---

1 Vgl. hierzu Bernhard LÜBBERS, Der Fund von *Le Pour et le Contre*. Oder: Wofür sammelt eine regionale Forschungsbibliothek eigentlich?, in: DERS. – Isabella VON TRESKOW (Hg.), Kriegsgefangenschaft 1914–1919: Kollektive Erfahrung, kulturelles Leben, Regensburger Realität (Kulturgeschichtliche Forschungen zu Gefangenschaft und Internierung im Ersten Weltkrieg 2), Regensburg 2019, S. 33–45.

2 *Le Pour et le Contre*. Die Zeitung der französischen Kriegsgefangenen in Regensburg 1916/17. Übersetzt und mit Anmerkungen versehen von Manfred L. WEICHMANN. Hg. von Isabella VON TRESKOW (Kulturgeschichtliche Forschungen zu Gefangenschaft und Internierung im Ersten Weltkrieg 1), Regensburg 2019; LÜBBERS – VON TRESKOW, Kriegsgefangenschaft 1914–1919 (wie Anm. 1); Dominik BOHMANN, Französisches Leben im Lager Regensburg. Ein Mikrokosmos im Licht der Gefangenenzeitung *Le Pour et le Contre* (1916/17) (Kulturgeschichtliche Forschungen

veröffentlichten wir drei kleinere Publikationen zu dem Thema in der Schriftenreihe *Kleine Schriften der Staatlichen Bibliothek Regensburg*, die inzwischen vollständig vergriffen sind.³

Nicht nur deswegen legen wir sie hier erneut vor. Sie dienten damals als Begleitmaterial für die Ausstellung *Mitten im Krieg. Das Regensburger Kriegsgefangenenlager 1914–1918* in der Staatlichen Bibliothek Regensburg, für ein Konzert und die Theateraufführung der *Affäre Rue de Lourcine* (1857) von Eugène Labiche im Thon-Dittmer-Palais, welche Teil des gleichnamigen internationalen Symposiums waren, das wir 2016, hundert Jahre, nachdem die Aufführungen im Lager auf dem Unteren Wöhrd stattgefunden hatten, in Regensburg organisierten, sowie für eine Fortbildung, die im Wintersemester 2016/17 an der Universität Regensburg für Lehrkräfte, Referendar:innen und Studierende des Fachs Französisch mit dem Spezialisten für Französisch als Fremdsprache (FLE) Adrien Payet (Saint-Martin-Vésubie und Malaga), stattfand und die Aufführung eines Stücks von Georges Courteline beinhaltete, *La Paix chez soi* von 1899. Ausstellung, Tagung, Lehrkräftefortbildung und die Reihe *Kulturgeschichtliche Forschungen zu Gefangenschaft und Internierung im Ersten Weltkrieg* sind Teil des Kooperationsprojekts, zu dem im Sinne des Transfers viele weitere Vorträge, öffentliche Veranstaltungen und eine Web-Seite gehören und die den Ausgangspunkt für internationale Netzwerkbildungen, unter anderem mit Kolleginnen und Kollegen der Aston University Birmingham, der Université Toulouse II und der Association Île longue bildeten.⁴ Da die Inhalte in den drei kleinen Veröffentlichungen weit über bloßes Begleit- und Arbeitsmaterial zu den besagten Veranstaltungen hinausgehen, sollen sie nun als eigenständige Verlagspublikation den Weg in die Öffentlichkeit nehmen. Was damals anlassbezogen erforscht, erarbeitet, präsentiert und diskutiert wurde dient so dauerhaft der Forschung zu Internierung und Gefangenschaft – übrigens nicht nur im zeitlichen Horizont des Ersten Weltkriegs.

---

zu Gefangenschaft und Internierung im Ersten Weltkrieg 3), Regensburg 2021.

3   Bernhard Lübbers – Isabella von Treskow (Hg.), Mitten im Krieg. Mitten in Regensburg. Französische Kriegsgefangene in Regensburg 1914–1918 (Kleine Schriften der Staatlichen Bibliothek Regensburg 5) Regensburg 2016; Bernhard Lübbers – Isabella von Treskow (Hg.), Theater und Musik im Kriegsgefangenenlager Regensburg. *Die Affäre Rue de Lourcine* von Eugène Labiche und ausgewählte Musikstücke (Kleine Schriften der Staatlichen Bibliothek Regensburg 6) Regensburg 2016; Bernhard Lübbers – Isabella von Treskow (Hg.), Sehnsucht nach Frieden. *La Paix chez soi (Der häusliche Friede)* von Georges Courteline 1903 – 1915/16 – 2016 (Kleine Schriften der Staatlichen Bibliothek Regensburg 8) Regensburg 2016.

4   Siehe www.mitten-im-krieg-1914-18.net: siehe auch die Informationen unter www.staatliche-bibliothek-regensburg.de; http://www.stobscamp.org/irc/; http://www.ilelongue14-18.eu/.

Das Kooperations- und Forschungsprojekt „Mitten im Krieg – mitten in Regensburg" integrierte seit Beginn bewusst Strategien zur Einbindung gesellschaftlicher Gruppen jenseits der engeren wissenschaftlichen und kulturellen Community, etwa auch, indem wir direkt in Schulen gegangen sind, Projektarbeit in der Staatlichen Bibliothek Regensburg organisierten und mobile Ausstellungsteile entwickelten. Das Projekt war zugleich, wie eingangs angedeutet, impulsgebend für weitere Forschungsaktivitäten, die sich wie an vielen anderen Orten und Institutionen auch aus Anlass der hundertsten Jahrestage des Beginns und des Endes des Ersten Weltkriegs ergaben. Von diesen Aktivitäten sollen hier nur jene angeführt werden, die unmittelbar mit dem Lehrstuhl für Romanische Philologie I, Französische und Italienische Literaturwissenschaft, und der Staatlichen Bibliothek zusammenhängen. Zu nennen sind die Dissertation und daraus hervorgegangene Publikation von Dominik Bohmann, *Französisches Leben im Lager Regensburg. Ein Mikrokosmos im Licht der Gefangenenzeitschrift* Le Pour et le Contre *(1916/17)*, erschienen 2021, und die Dissertation von Nicole Cucit zum Kulturleben im Lager Katzenau bei Linz in Oberösterreich, einem Lager für Zivilinternierte und militärische Gefangene, auch zur autobiographischen Auseinandersetzung mit der Inhaftierung in der Zwischenkriegszeit, zu Nationalitätsfragen und zur Rolle und Funktion der Lager-Zeitschrift, unter dem Titel *„Domando la parola!": la baracca come spazio e oggetto di narrazione nell'internamento di civili italiani e italiane a Katzenau durante la Prima guerra mondiale (1915 – 1918)*, zur Veröffentlichung vorgesehen im Verlag der Fondazione Museo storico del Trentino 2024. Diese Forschungsarbeit versteht sich auch als Beitrag zum Forschungsschwerpunkt der Area Studies der Universität Regensburg, zu dem sie einen theoretischen Beitrag unter dem Titel *Le baracche di Katzenau (1915–1918): spazi di prigionia, spazi di narrazione* leistet. Zu nennen sind ebenfalls die Kooperation zur Erstellung der Ausstellung *Das Kriegsgefangenenlager Amberg-Kümmersbruck im Ersten Weltkrieg* im Jahr 2017 mit dem Staatsarchiv und dem Stadtarchiv Amberg, der Gemeinde Kümmersbruck und dem Bergbau- und Industriemuseum Ostbayern sowie dem Ausstellungskatalog, für den aus unserer Forschung heraus mehrere Einzelkapitel verfasst wurden. „Mitten im Krieg – mitten in Regensburg" führte zu einer Vielzahl von Vorträgen und wissenschaftlichen Aufsätzen zu Kriegsgefangenen- und Interniertenzeitungen, Sport, Theater und Drag-Kultur, Lyrik, Autobiographien und Erinnerungsliteratur sowie Publizistik und Fotografie im Kontext von Lagerhaft und Internierung. Die Arbeiten beziehen sich zum einen speziell auf die Lager in Regensburg, Amberg und Grafenwöhr und zum anderen allgemeiner auf Deutschland und Österreich sowie weitere europäische Lager und Lager in Japan und Australien. Sie stammen aus der Feder von Isabella von Treskow, Dominik

Bohmann, Nicole Cucit und Carina Ehrnsperger. Zu den Themen zählen auch – aus veränderter Perspektive – die künstlerische, kulturelle und mentale Verarbeitung von Gewalt, Fragen der Resilienz und des individuellen Umgangs mit Lageraufenthalten, auch mit Bezügen zur Gegenwart. Zuletzt sei die durch den Regensburger Zeitschriftenfund und die darauf aufbauende Forschung motivierte Sektion „Formes héritées et transformation littéraire – Écritures de la guerre, de la captivité et de la persécution au XXe siècle" genannt, Teil des 11. Frankoromanistikkongresses 2018 an der Universität Osnabrück. Unter der Herausgeberschaft von Albrecht Buschmann, Catherine Milkovitch-Rioux und Isabella v. Treskow finden sich die *Actes* versammelt im Band *Élans, troubles, ruptures. La littérature face à la violence au vingtième siècle* (Heidelberg: heiJOURNALS (HeLix, 16), 2024).

Wir bedanken uns ausdrücklich bei Dr. Andreas Becker, dem Leiter des Universitätsarchivs Regensburg, für die Aufnahme der Beiträge in die Schriftenreihe seiner Institution. Ein herzliches „Vergelt's Gott" – wie man in Bayern sagt – schulden wir den Verantwortlichen für das Bildmaterial und Fotografien der *Akademie für Darstellende Kunst Bayern* und Françoise Höcherl, Leiterin der *Compagnie Les Camaïeux*, sowie Prof. Dr. Susanne Fontaine, Prof. Dr. Wolfgang Asholt, Dr. Manfred L. Weichmann, Adrien Payet und Dr. Dominik Bohmann für ihr Entgegenkommen. Bewusst haben wir uns dafür entschieden, die Beiträge, Materialien und Abbildungen weitgehend unverändert zu publizieren, um nicht nur den damaligen Forschungsstand abzubilden, sondern auch einen Eindruck von den Aktivitäten der Jahre 2016 und 2017 zu geben. Wir hoffen, mit der erneuten Veröffentlichung dieser Texte und Abbildungen ihre Sichtbarkeit deutlich zu erhöhen und zur weiteren Diskussion der Thematik beizutragen.

Isabella von Treskow und Bernhard Lübbers, im Mai 2024

Teil 1:
Mitten im Krieg, mitten in Regensburg

Ursprünglich veröffentlicht in:
Kleine Schriften der Staatlichen Bibliothek Regensburg, Band 5

Begleitpublikation zur Ausstellung „Mitten im Krieg.
Das französische Kriegsgefangenenlager Regensburg im Ersten Weltkrieg"

Die Artikel-Serie *Ratisbonne à travers les âges* zur Geschichte der Stadt und ihrer Umgebung in der Zeitung der französischen Kriegsgefangenen *Le Pour et le Contre*, 1917

Isabella von Treskow, Universität Regensburg

Eine höchst sachverständige Stadtgeschichte aus der Feder eines Fremden, ein Streifzug durch Regensburg von einem Bürger und Soldaten Frankreichs, der aus deutscher Sicht feindlichen Nation, von einem Gefangenen, der Stadt und Umgebung gar nicht frei erkunden konnte: Diese Rarität entstand mitten im Ersten Weltkrieg und mitten in Regensburg, auf der Wöhrd-Insel im Gefangenenlager. Dass ferne Gegenden in Stadtführern von Angehörigen anderer Kulturen den Landsleuten präsentiert werden, ist keineswegs etwas Neues. Hier aber haben wir es nicht mit Reiseliteratur im eigentlichen Sinne zu tun. Die Gefangenen in Regensburg, in der Überzahl Franzosen, waren unfreiwillig im Lande und offiziell Repräsentanten des wichtigsten Gegners, sie waren der Stadtbevölkerung räumlich nah und ihr als französische Bürger doch fern. Auf dem Unteren Wöhrd waren sie untergebracht, innerhalb der Stadtgrenzen und zugleich durch den Lagerzaun tatsächlich und durch die Insellage symbolisch isoliert.

Regensburg umfasste damals die Altstadt mit den sich unmittelbar anschließenden Vierteln. Burgweinting, Pentling, Reinhausen und viele weitere Orte, darunter auch Stadtamhof, waren noch nicht eingemeindet. Die Stadt zählte um die 53.000 Bewohner, von denen nicht wenige ihrerseits an die Front geschickt waren oder an anderen Einsatzorten im Militärdienst standen. Wenngleich Regensburg während des Kriegs eine verhältnismäßig ruhige Stadt blieb, verstärkte sich auch hier nach einer ersten Euphorie mehr und mehr der Wunsch nach Frieden. Zwar bemühte sich die Regierung der Oberpfalz zusammen mit der Stadtregierung, die ursprünglich zustimmende Haltung der Bevölkerung zum Krieg mit verschiedenen

Mitteln aufrechtzuerhalten, aber Entbehrungen, die Abwesenheit von Familienmitgliedern, deren Verletzung und Tod und die Auffassung, durch ein kriegslüsternes Preußen ungewollt immer länger in den Krieg hineingezogen zu sein, versetzten schon ein Jahr nach Kriegsbeginn dem Enthusiasmus einen Dämpfer, mehr noch dann die langen Schlachten vor Verdun, an der Maas 1916, in die im Laufe des Jahres auch die 6. Division aus Regensburg involviert war, und der Somme, die insgesamt – von Februar bis Dezember 1916 – fast 715.000 französische und deutsche Soldaten das Leben kostete.

Just im Herbst 1916, zur Zeit der französischen Vorbereitung der entscheidenden Wende von „Verdun", als der deutsche Durchbruch verhindert wurde, bot die Gefangenenzeitung *Le Pour et le Contre*, *Das Für und Wider*, den Soldaten des Lagers Regensburg, aber auch Internierten in anderen Lagern sowie Lesern in Frankreich eine positiv gestimmte Stadtgeschichte. Die Zeitung wurde wöchentlich von französischen Kriegsgefangenen geschrieben, herausgegeben und gegen 5 bzw. 10 Pfennig („Centimes") Lagergeld vertrieben. Mehrere hundert Exemplare befanden sich zwischen Juli 1916 und April 1917 im Druck, die von den Mitinternierten und allen, die sie außerhalb des Lagers erreichte, etwa Soldaten in Außenkommandos, gelesen werden konnten. In sechs Abschnitten zwischen dem 17. September und dem 29. Oktober erschienen unter dem Titel *Ratisbonne à travers les âges*, *Regensburg im Wandel der Zeiten*, die Ausführungen über die Geschicke der Stadt vom frühesten Zeitpunkt der Besiedelung bis zur Gegenwart des beginnenden 20. Jahrhunderts. Der Autor Alfred Besancenot hatte sich in der Zeit seit seiner Festnahme Ende August 1914 offensichtlich Kenntnisse angeeignet, die an Detailwissen und Eloquenz wenig zu wünschen übrig lassen. Ein interessiertes Publikum war ihm daher gewiss.

Besancenots Ton ist ruhig und respektvoll, nicht aber ohne Witz. Die Vorgänge, Zahlen und Namen nicht nur richtig, sondern auch unparteiisch darzulegen und die Würde von Herrschern, Kirche und Stadtgemeinschaft herauszustreichen, ist ihm spürbar ein großes Anliegen. Es überschnitt sich gewiss mit den Zielen der Zensur und der Kommandantur. Tatsächlich wird auf diesem Weg ein friedenstiftendes Element erkennbar: So sehr es sich beispielsweise versteht, dass Napoleons Wirken in Deutschland, Bayern und Regensburg von Besancenot als Taten eines großen, ja sehr großen Mannes gesehen werden, so sehr bemüht er sich darum, auch führende Persönlichkeiten der deutschen Geschichte respektvoll darzustellen. Besancenot verfolgt eine Strategie der Balance, die auffallend den Nationsgedanken als Orientierungspunkt hinter sich lässt. Was die Reaktion auf Napoleons Europapolitik angeht, lässt er sogar diplomatisch im Ungewissen, warum es in Deutschland 1813–1815 Befreiungskriege gegeben habe, wenn er von der Befreiungshalle bei Kelheim spricht. Ob es seine eigenen Worte oder von der Zensur suggerierte sind, wonach Deutschland „unter den schrecklichen und wiederholten Schlägen Napoleons 1807 unterzugehen schien", ist nicht sicher. Sicher ist jedoch, dass zu verstehen gegeben wird, wie sinnvoll es sein kann, dass in Auseinandersetzungen jede Seite auch den Stärken der anderen Anerkennung zollt.

Dabei bindet Besancenot geschickt die mutmaßlichen Gedanken und Kenntnisse der Gefangenen ein. „Bayern konnte nicht zu Deutschland gehören", heißt es aufklärend zu den Konflikten im Mittelalter, „denn das gab es noch nicht" – auch dies übrigens bei aller Munterkeit auch ein unterschwellig pazifistischer Einwurf. Er animiert seine Landsleute, beim nächsten Gang durch Regensburg das Augenmerk auf verschiedene Bauwerke und ihre Schönheit zu richten, taucht ins Stadtbild ein, fast nimmt er sie an die Hand: „Biegen wir Richtung Bahnhof ab und gehen wir die Allee hinunter, die zur Maximilianstraße führt." Vergangenheit und Gegenwart berühren sich. Die Begegnung mit dem Dom schildert Besancenot im spannungssteigernden Präsens: „Wir kommen am Fuße des Doms an, und unsere Blicke sind voller Bewunderung." Gemeinsam wird Geschichte zum lebendigen Gegenüber, so wenn er zu den längst vergessenen Warnungen vor Melonen und Kartoffeln schreibt: „Heute lachen wir darüber.", um sogleich zu mahnen: „Wer weiß, ob unsere Urenkel nicht ebenso gute Gründe haben werden, über uns zu lachen?"

Regensburg im Wandel der Zeiten entwirft ein plastisches Bild des Mittelalters, in dem scharf die Kontraste zwischen der Autonomie und dem Wohlstand der Freien Reichstadt auf der einen Seite und drastischen Bestrafungsmaßnahmen auf der anderen gesetzt werden, dem Abtrennen von Körperteilen, dem Ertränken, den öffentlichen Hinrichtungen. Gleichwohl fährt Besancenot nach den entsprechenden Erläuterungen recht fidel fort, dass diese „glücklichen Zeiten" nicht lange gedauert hätten. Ergänzt wird die Geschichte der politischen, sozialen und ökonomischen Prozesse durch Ausführungen zur Baugeschichte. Er war zum Teil hervorragend informiert und liegt manchmal richtiger als heutige Autoren. Mit den Erläuterungen zu den Kasernen schließt er am Ende an die Gegenwart an. Ihm selbst dürften sie als einem derjenigen, die seit Kriegsbeginn in Regensburg waren, gut bekannt gewesen sein. Zwar wurde er zunächst ins Kriegslazarett bei den Englischen Fräulein verbracht, dort jedoch im November 1914 entlassen. Er spricht etwa von der Chevauleger-Kaserne, Landshuter Straße, und der „Alten Kaserne, in die viele von euch zum Arbeitsdienst gegangen sind", d.h. Minoriten-Kirche und -Kloster, Orten der Kriegsgefangenschaft und Zwangsarbeit.

Auf vielen Wegen versucht Besancenot folglich, nicht nur historische Informationen zu liefern, sondern auch Regensburg für die französischen Soldaten zu einer Stadt zu machen, die mehr ist als der Ort ihrer Gefangenschaft in der Fremde. Sie

Le Pour et le Contre

Journal Hebdomadaire des Prisonniers de Regensburg

Le Numéro 10 centimes   N° 10   Dimanche 17 Septembre 1916

"Les Forces inconnues"

C'est le dernier cri quand l'incrédule se trouve désarçonné devant les guérisons extraordinaires de Lourdes et ne sait que répondre aux partisans du surnaturel, il se réfugie sous l'abri commode de l'inconnu : l'inconnu, ce sont les forces encore indéterminées de la nature, qui agissent à Lourdes ; et la science a fait jusqu'ici des découvertes si extraordinaires que la télégraphie sans fil ou la transmission de la pensée à distance, elle nous expliquera aussi quelque jour les prétendus miracles.

Nous admettons volontiers que la science fera encore de belles découvertes, mais nous savons aussi de science faite, qu'elle ne réalisera jamais un cercle carré ni un bâton à un seul bout ; les lois nouvelles qu'elle découvrira se mettront à côté des lois anciennes, mais jamais ne s'opposeront, car la nature ne saurait se contredire ; elle opère avec régularité et lenteur et transforme la matière sans jamais créer d'énergie nouvelle ; la science ne démentira jamais ces traits essentiels et les phénomènes étrangers à cette marque ne seront pas naturels, mais surnaturels.

I. — Si les guérisons de Lourdes offraient un caractère de parenté, atteignaient une catégorie de maux, apparaissaient dans des circonstances déterminées de temps et de lieu, comme les phénomènes de l'hypnotisme ; si l'on pouvait réellement assigner autour des guérisons un antécédent commun et extraire de tous ces faits authentiques quelque chose qui les annonce ou les conditionne, on pourrait invoquer, avec une ombre de raison, quelque magnétisme, un ébranlement approprié avec lequel le corps humain se trouverait accordé. La cause précise pourrait échapper, mais une certaine régularité du phénomène assurerait de l'existence de cette cause et permettrait de l'imaginer.

Or, il n'en est rien ; les effets se suivent sans règle apparente ; ce sont des guérisons distribuées comme au hasard ; à l'intérieur des édifices ou au dehors ; dans l'ombre discrète des piscines, ou en plein soleil, durant la procession du Saint Sacrement au bruit harmonieux des cantiques ; le matin ou à midi ou le soir ; que le ciel soit radieux ou que la pluie tombe tristement ; quelle que soit la maladie et quel que soit le malade, jeune ou vieux, enfant ou vieillard, croyant enthousiaste ou croyant timide et hésitant. Rien n'est requis, ni dans l'âme, ni dans la situation, ni dans l'infirmité, ni dans les circonstances extérieures, pour que la secrète influence entre en jeu et que l'effet se manifeste.

Et ce qu'il y a peut-être de plus frappant encore, c'est que la réunion de quelques conditions réputées utiles ne détermine pas plus son action que leur absence ne l'empêche : Voici un malheureux dont l'état est lamentable, la foi profonde, la prière ardente ; on prie aussi autour de lui avec ferveur, et c'est le jour d'une grande manifestation religieuse qui remue tous les cœurs ; si la guérison dépendait d'une ou de plusieurs de ces circonstances morales comme l'effet d'une loi naturelle dépend de quelques circonstances physiques, on devrait la tenir pour assurée. Or, elle ne l'est pas ; tous ceux qui ont suivi de près les phénomènes de Lourdes savent bien qu'on ne peut jamais la promettre ni l'attendre avec certitude. Elle vient à son heure, avec une indépendance qui déjoue toutes les prévisions.

Bref, la loi est aveugle, c'est une sorte de machine dont l'effet est automatique. Au contraire la cause mystérieuse qui intervient autour de la Grotte est un agent souverainement libre, et que rien ne lie jamais.

II. — La nature procède avec lenteur ; tous les corps vivants sont composés de plastides semi-fluides contenus dans des cellules qu'ils sécrètent eux-mêmes ; et tout plastide actuel vient d'un plastide antérieur et celui-ci d'un autre et ainsi de suite, la nature ne produisant pas à la fois le fils et le père ; et c'est leur multiplication qui procure l'accroissement des tissus organiques. La restauration des tissus lésés suit évidemment la même loi que leur développement et de même qu'on ne verra jamais un nouveau-né grandir en 60 jours, le corps d'un homme de trente ans ainsi la guérison d'une plaie organique ne s'opérera jamais sans le concours du temps. Dès qu'il y a chez un malade une solution de continuité dans les tissus, une destruction plus ou moins étendue de la matière vivante, il faut des soins prolongés pour guérir. En admettant que parfois la volonté de guérir spontanément éclose sous l'empire de la foi, ou suggérée par un médecin habile hâte et favorise le retour des tissus lésés vers leur intégrité première, vers leur cicatrisation, en un mot, cette volonté ne peut jamais supprimer entièrement les délais de la nature. Les guérisons instantanées de Lourdes ne peuvent pas être naturelles.

III. — Enfin dans la nature il y a une quantité indéterminée d'énergie qui se transforme sans cesse, mais rien ne se fait de rien. L'ouvrier travaille sur le marbre ou sur le fer mais il lui faut du marbre et du fer pour édifier un monument et le meilleur menuisier ne fera jamais la plus petite armoire sans le bois nécessaire. De même les organes vivants sont formés de cellules qui s'engendrent successivement sous la poussée de la vie ; il n'y a jamais eu et il n'y aura jamais dans le domaine de la nature, une création, une production quelconque qui n'ait pas d'antécédents.

Voilà pourquoi les forces inconnues n'expliqueront jamais le cas de Lucie Renauld atteinte d'une atrophie musculaire de la jambe gauche rendant cette jambe plus courte de 0,05 ; après un bain à la piscine le 21 août 1891, Lucie Renauld sort les deux jambes égales comme longueur et comme grosseur et la claudication disparaît instantanément ; c'est une création véritable de muscles et d'os qui ne sera jamais expliquée naturellement.

Les miracles de Lourdes débordent le cadre des lois naturelles et relèvent manifestement d'une cause surnaturelle infinie en puissance et en bonté. C'est avec une sorte de dédain qu'ils se jouent de l'ancienneté, de la profondeur et de la résistance du mal et les "forces inconnues" n'expliqueront jamais la simplicité des moyens employés et la grandeur des résultats obtenus, l'unité du remède et la diversité des maladies, la courte durée de l'application de l'agent curatif et la longueur des traitements indiqués par l'art ou la science et surtout la création absolue de matière nouvelle.

.... Ce dernier caractère est le cachet de la divinité. Si vous n'entendez pas s'élever vers la miséricorde divine l'immense clameur des misères humaines et les cris de reconnaissance s'élancer vers le ciel, au milieu d'une nature impassible, après les miracles obtenus, veuillez considérer au moins que seul le Créateur peut créer et vous croirez.

                     J. Lamy.

Vu l'abondance des matières nous sommes obligés de reporter à notre prochain numéro l'article de Marcel Gennaro. Cela fait bien des contretemps à propos de bonne musique, mais nous comptons sur l'indulgence des lecteurs tritt aus seinen Ausführungen als Lebensraum hervor, den man sich mindestens geistig erlaufen kann, ein Raum für die Franzosen eigentlich im Feindesland, der doch zu ihrem geworden ist. So zeichnet sich im Rahmen der Stadtgeschichte eine eigene Geschichte der französischen Kriegsgefangenen in Regensburg ab. Von Kirche und Kloster der Minoriten, die militärisch genutzt wurden, war schon die Rede, zum Niedermünster heißt es, dass „wir zu Beginn unserer Gefangenschaft" in eine Kirche dieses Klosters „immer zur Messe" gegangen seien.

Alfred Besancenot, wie er die Artikel unterzeichnet, in den Akten auch als Joseph Alfred Besancenot geführt, wurde am 20. November 1886 in Bonnencontre im Burgund geboren. Er schreibt als Dreißigjähriger außerordentlich bewandert über Regensburg, so dass zu vermuten ist, dass er Deutschkenntnisse hatte, die ihn in den Stand setzten, die einschlägigen historiographischen Werke zu konsultieren und Bedeutsames adäquat ins Französische zu übertragen, zusätzlich zu möglicherweise ihm auf Französisch vorliegenden Schriften. Er verfasste seine Stadtgeschichte gewissermaßen mit Blick über den Winterhafen auf die Königliche Villa, konnte unverstellt die Hauptfassade des neogotischen Schlösschens sehen, eine Mittelalter-Interpretation des 19. Jahrhunderts, die das „bayerische Nationalgefühl" hatte heben sollen und dadurch symbolisch eine Brücke von den Hochzeiten Regensburgs in die Neuzeit schlug. Ihre architektonische Einzigartigkeit musste Besancenot seinen Kameraden nicht wortreich darlegen. Zu seinen Füßen floss die Donau, die als Handelsweg gerade in den Jahren 1900 bis 1910 bestens erschlossen worden war und pausenlos in beide Richtungen Dampfschiffe vor seinen Augen passieren ließ, während er auf das Ende des Krieges harrte. Seit August 1909 verheiratet dachte der Unteroffizier der Reserve eines Jägerbataillons vielleicht an seine Frau Jeanne Claudine, während er schrieb, und ihre gemeinsame Tochter Simone, 1911 geboren. Er konnte 1916, dem Jahr der Schlachten von Verdun und an der Somme, nicht wissen, dass er sich zeitlich gesehen „mitten im Krieg" befand, dass es noch zwei lange Jahre dauern sollte, bis seine Gefangenschaft ein Ende fand. Mit *Ratisbonne à travers les âges* hat er in jedem Fall seinen Mitgefangenen in dieser schweren Zeit einen Gefallen erwiesen. Überdies versucht er unterschwellig, die ganz individuelle Kriegs- und Gefangenschaftserfahrung für eine Unterwanderung der nationalstaatlichen Verbissenheit und am Nationalen ausgerichteten Feindschaft in konfliktberuhigender Weise fruchtbar zu machen. Als unbekanntes Dokument des Ersten Weltkriegs ist diese Stadtgeschichte daher

Gefangenenzeitung *Le Pour et le Contre*
(Staatliche Bibliothek Regensburg, Signatur: IM/4Rat.civ.369)

Französische Kriegsgefangene, Lager Regensburg
(Sammlung Fred Wiegand)

nicht nur ein Sach-, sondern auch ein moralisches Zeugnis. Schließlich hat durch seine Knappheit und Einprägsamkeit *Regensburg im Wandel der Zeiten* seinen Nutzen und seine Wirkung bis heute nicht verloren.

Ratisbonne à travers les âges – Regensburg im Wandel der Zeiten

Übersetzung von Manfred L. Weichmann

Hinweis des Übersetzers: Die Artikelüberschriften des Ausgangstextes wurden typografisch vereinheitlicht und in Fettdruck gesetzt. Ihre grafische Gestaltung konnte aus Platzgründen nicht übernommen werden. Auch die bereits nach dem ersten Zeitungsbeitrag abgebrochene Nummerierung wurde nicht fortgesetzt. Unterstreichungen im Originaltext blieben jedoch in der Übersetzung bestehen.

Benutzte der Autor im Französischen lediglich ungenaue oder laienhafte Begriffe für Sachverhalte oder Personen, so wurde dies durch die Übersetzung ins Deutsche geglättet und korrigiert. Eine Ausnahme bilden Benennungen, die faktisch einen Fehler darstellen. Deutsche Orts- oder Gebäudebezeichnungen, die der Artikelschreiber auf Deutsch verwendet, seien sie unübersetzbar oder im Text von einer französischen Übersetzung begleitet, erscheinen in Kursivschrift. Wenn erforderlich, wurde ihre Orthographie korrigiert. Kursiv gesetzt sind auch im Text verwendete deutsche Originalzitate. Für aus dem Deutschen stammende Zitate, die der Artikelverfasser auf Französisch mehr oder weniger genau anführt, oder für französische Zitate wurde das deutsche Original bzw. die in der deutschen Literatur belegte Übersetzung eingefügt.

Schließlich erforderte die bessere Verständlichkeit des Textes an vielen Stellen Erläuterungen und Richtigstellungen.

Diese Anmerkungen verfasste zum größten Teil Frau Dr. Rosa Micus. Dafür gilt ihr mein besonderer Dank.

Manfred L. Weichmann

Regensburg

Alfred Besancenot

I. Regensburg im Wandel der Zeiten

<u>Geografisch betrachtet</u> musste sich dort, wo die Donau ihren nördlichsten Punkt erreicht, eine Stadt erheben[1] und dies aus zwei Gründen: der erste ist, dass zwei Nebenflüsse, der *Regen* und die *Naab*, hier in die Donau münden. Nun waren aber zu allen Zeiten Strom- und Flusstäler natürliche Wege, denen Nomaden- oder Eroberervölker folgten. Das Regental bot sich also durchaus als Verbindung zwischen Böhmen und Bayern an, das Naabtal als Band zwischen Sachsen und Süddeutschland. Der zweite Grund ist, dass die weite Ebene, die sich südlich der Donau erstreckt, fruchtbar, ertragreich, leicht zu bestellen ist und folglich die Nomadenvölker oder die germanischen eroberungsfreudigen Clans zurückhalten und sesshaft machen sollte.

Wenn man mehrere tausend Jahre vor unsere Zeit zurückgeht, findet man nach einer <u>Legende</u> an diesem Ort schon eine Stadt Radasbona. Zwar konnte man die Existenz dieser Stadt mit keltischem Namen nicht mit Sicherheit ermitteln, doch in der Umgebung machte man zahlreiche Funde, die auf die Steinzeit zurückgehen, das heißt auf 2000 oder 3000 Jahre vor Christus.

Die <u>Römer</u> kamen bei ihrer Eroberung der Welt im Jahr 14 vor Christus an die Donau und bemerkten die ganze Bedeutung, den ganzen Wert der Gegend, in der wir unsere Gefangenschaft über uns ergehen lassen müssen. Während eines Krieges gegen einen Volksstamm germanischer Abstammung (die Markomannen) errichteten die Römer zu ihrer Verteidigung ihre Festung, ihr <u>Kastell</u>, das sie nach dem Flussnamen *Regen* Reginum oder auch Castra Regina nannten. Sein Baudatum

---

1   In dieser Eingangsbemerkung schwingt wohl das berühmte Zitat Goethes mit: „Regensburg liegt gar schön. Die Gegend musste eine Stadt herlocken, […]", das auf seinen Aufenthalt im September 1785 zurückgeht.

fällt, glaubt man der in die Porta Praetoria eingemeißelten Inschrift, in das Jahr 179 nach Christus². Dieses Kastell hatte die Form eines 535 Meter langen und 440 Meter breiten Rechtecks³. Es war aus riesigen Steinblöcken erbaut, von denen ihr Exemplare in der Nähe des St.-Georgen-Platzes sehen könnt. Es erstreckte sich von diesem Platz, von diesen Resten, die die nordöstliche Ecke bildeten, sowohl nach Süden als auch nach Westen. Reste davon findet man im Erhardihaus, im Hof des Bischofshofes, in den Kellern und Fundamenten mehrerer alter Patrizierhäuser. Die Porta Praetoria ist der am besten erhaltene Teil davon. Der Bogen dieses Tores hat zwei Meter Durchmesser und besteht aus dreizehn Kalksteinblöcken, von denen jeder 1 Meter auf 0,9 Meter misst. Kein Zement, kein Mörtel, sondern Eisenklammern⁴ verbinden die Blöcke. Früher waren diese Blöcke

---

2 Besancenot meint offensichtlich die 1873 bei Ausschachtungen entdeckte Inschrift, die sich in römischer Zeit an der *porta principalis dextra*, dem Osttor des Römerlagers befunden hatte. Die Inschrift wird heute im Historischen Museum der Stadt Regensburg am Dachauplatz aufbewahrt.

3 Nach BAUER, K., *Regensburg. Kunst-, Kultur- und Alltagsgeschichte.* Regenstauf: MZ, ⁶2014 [erstmals zweibändig, Regensburg 1961], S. 13, war das Lager 540 Meter lang und 450 Meter breit.

4 Hierbei handelt es sich nach neuen Erkenntnissen um eine mittelalterliche Sicherungsmaßnahme. (DALLMEIER, L.-M./DREWELLO, R./KOCH, R., „Konservierungskonzepte für die römische porta praetoria in Regensburg", in: *Denkmalpflege in Regensburg*, Bd. 9, 2004, S. 24).

behauen und auf der Außenseite glatt, aber sie wurden von der Witterung und durch Stöße beschädigt. Fünf Meter vom Tor entfernt erhob sich auf jeder Seite ein halbrunder Turm. Nur der östliche ist gut erhalten, aber ihm wurde ein Stockwerk aufgesetzt, das sein Aussehen veränderte. Vom westlichen Turm bestehen nur noch einige Spuren. Die vormalige Stadt erstreckte sich westlich des Kastells bis zum derzeitigen Standort des Theaters und des Emmeramsplatzes. Ihre Bevölkerung muss zahlreich gewesen sein, denn es gab 6000 Grabstätten[5]. Zuallererst verbrannte man die Leichen und füllte die Asche in eine Urne, die einfach mit Ziegelsteinen geschützt wurde. Erst nach dem Aufkommen des Christentums wurden die Leichen bestattet und prächtige Grabmäler errichtet. Eine um den Zeitvertreib ihres geliebten verstorbenen Kindes besorgte Mutter hatte nicht vergessen, das Lieblingsspielzeug ihres Sohnes in eines dieser Gräber zu legen. Auf einem Grabstein waren Waffen und ein Adler dargestellt und verwiesen darauf, dass dort ein berühmter Hauptmann ruhte.

Am Ende des 4. Jahrhunderts greifen die aus dem Norden kommenden Germanen das Römische Reich an. Castra Regina entging nicht ihrer Zerstörungswut. Die römische Befestigung wurde zum großen Teil eingerissen. Aber die Stadt blieb trotz des Abzugs der Römer bewohnt. Aus den Trümmern erwuchs neues Leben. Im 6. Jahrhundert ließen sich die Bajuwaren, die Vorfahren der Bayern, dort nieder und *Reganesburg* blieb mehrere Jahrhunderte lang die Residenzstadt der bayerischen Herzöge. Übrigens sollte es dank des Eifers des Heiligen Rupert und des Heiligen Emmeram der Mittelpunkt werden, von dem aus das Christentum allmählich in Bayern ausstrahlen wird. Die Stadt war damals mit blühendem Leben erfüllt. Leider ging der Regensburger nicht immer respektvoll mit den Baudenkmälern seiner Väter um, so dass aus dieser Zeit nicht viel übrigblieb, außer einigen Türmchen, einigen Erkern, einigen Fenstern und Toren am Ende der Maximilianstraße.

Während *Regensburg*, oder genauer *Reganesburg*, die Hauptstadt des von den Bajuwaren besetzten Landes war, fallen die Franken, andere Germanen, die aber diesmal aus dem Westen kommen, in das Land ein. Tassilo II.[6] setzt sich zur Wehr. Karl der Große nimmt ihm 788 den Thron und die Freiheit und residiert in *Regensburg*, von wo aus er eine Expedition gegen die Awaren leitet. Der Enkel Karls des Großen, Ludwig der Deutsche, verschönert die Stadt, baut Paläste und seit 826 regiert sie das gesamte ostfränkische Reich. Alle Karolinger betrieben die gleiche

---

5 Gemeint sind hier die umfangreichen Gräberfelder im Bereich des ehemaligen Klosters St. Emmeram.

6 Es handelte sich um Tassilo III. (um 741 – um 796).

Politik und Regensburg blieb die wichtigste Stadt der Königsherrschaft⁷. Der Hof, die Gesandten, die Synoden machten aus ihr eine reiche, bereits sehr geschäftstüchtige Stadt. Die regierenden Fürsten ermöglichen durch großzügige Stiftungen den Bau prächtiger Klöster: Niedermünster, Obermünster, St. Emmeram⁸.

(Fortsetzung folgt) A. Besancenot, „Ratisbonne à travers les âges", in: *Le Pour et le Contre*, Nr. 10, Sonntag, 17. September 1916, S. 2–3

Regensburg im Wandel der Zeiten (Fortsetzung)

Beim Tod des letzten von Karl dem Großen abstammenden Karolingerfürsten wollen die Bayern, die Sachsen, die Franken, die Schwaben und die Lothringer die Erbfolge antreten. Daraus entstehen Kämpfe und Rivalitäten, unter denen die Stadt viel zu leiden hatte. *Regensburg* gehört bald Konrad, dem König der Deutschen, bald dem bayerischen Herzog. Zu diesem Zeitpunkt konnte Bayern nicht zu Deutschland gehören, denn das gab es noch nicht. Ein König, Heinrich II., hatte jedoch einen günstigen Einfluss: er gründete die Alte Kapelle und verschönerte die Klöster. Damals war Regensburg in der Malerei und der Architektur schon die führende Stadt des Landes⁹.

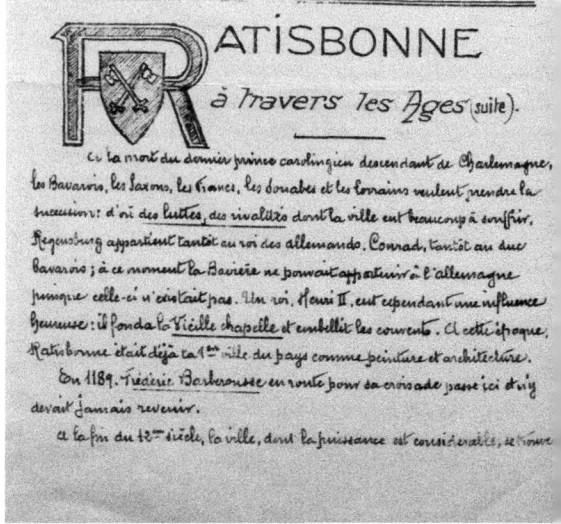

1189 zieht Friedrich Barbarossa, der zu seinem Kreuzzug unterwegs ist, hier vorbei und sollte nie wieder hierher kommen¹⁰.

---

7   Gemeint ist hier wieder das ostfränkische Reich.

8   B. erwähnt hier die drei seit frühesten Zeiten reichsfreien Stifte und Klöster. Diesen Status sollten nur noch das Bistum und die mittelalterliche Stadt selbst erlangen.

9   Tatsächlich sind aus der Zeit bereits vor der Jahrtausendwende bedeutende Kunstwerke aus Regensburg kontinuierlich im kollektiven Gedächtnis verhaftet geblieben. Genannt seien das Nischenportal mit dem Figurenschmuck in der Vorhalle von St. Emmeram, das Ziborium Arnulfs von Kärnten (heute in München) und der um 1000 wiederhergestellte *Codex aureus* von St. Emmeram; zur selben Zeit fungiert Heinrich II. (972 – 1014) als *alter fundator* der Alten Kapelle, was faktisch einer Neugründung nahe kam – wie B. es in seinem Text auch darstellt.

10 Der Kreuzzug des Jahres 1147 und der hier erwähnte von 1189 nahmen von Regensburg ihren Ausgang; Kaiser Barbarossa ertrank auf dem Zug nach Palästina im Fluss Saleph (jetzt Göksu in der heutigen Türkei).

Ende des 12. Jahrhunderts hat die Stadt, deren Macht beträchtlich ist, drei Herren: den bayerischen Herzog, den Bischof und den Kaiser. Da die Herzöge ständig mit den Bischöfen im Kampf lagen und die Kraft sowohl der einen wie der anderen immer mehr schwand und sie Geld benötigten, kaufte oder ließ sich die Stadt durch Darlehen und Bündnisse Privilegien und Rechte zugestehen, die sie von der Schutzherrschaft der Herzöge und der Bischöfe befreiten. 1245 bekommt Regensburg, das die Kaiser seit jeher geliebt hatten, von Kaiser Friedrich II. viele Privilegien verliehen. So dass die Stadt im 13. Jahrhundert frei ist. Sie erlebt damals ihren Höhepunkt: die meisten Kirchen, Hauskapellen, Bürgerhäuser und Patrizierburgen, das Alte Rathaus, stammen aus dieser Zeit. Handel und Gewerbe waren die Hauptquellen des Wohlstands: Waffen aus *Regensburg*[11], die im Kloster Emmeram hergestellte Purpurfarbe, der Kleiderbesatz mit Gold- oder Silberborten, mit Edelsteinen, waren weithin berühmt. Die Kaufleute der Stadt hatten Verbindung mit dem Orient, mit Konstantinopel und Kiew[12], denn die italienischen Republiken Venedig und Genua gab es sozusagen noch nicht[13]. *Regensburg*, der Übergang zwischen Franken und Böhmen, zwischen Russland und Italien, besaß einen Markt und eine wöchentliche Warenmesse, die berühmt waren. Regensburgs Hansgrafen, eine Art Vertreter der Kaufleute, kamen weit herum, um die Stadt zu repräsentieren und deren Interessen zu verteidigen.

Das Mittelalter vom 13. bis zum 15. Jahrhundert war die glücklichste Zeit für die Freie Reichsstadt. Die Stadtführung zeichnete sich oft durch ihre Vorschriften aus. Jeden Abend wurden die Stadttore sorgsam geschlossen. Wenn die Stadtglocke geläutet hatte, war es verboten, auf den Straßen spazieren zu gehen. Die waren nämlich nicht beleuchtet und folglich unsicher. Erst 1783 versuchte man – recht bescheiden – die Beleuchtung der Straßen[14]. Wer stiehlt, besagt eine Anordnung, dem werden die Ohren abgeschnitten. Ein Kind, das aus dem Dom sakrale Tücher und Schmuckgegenstände stahl, wurde sogar enthauptet. Der Rat der Stadt ist um die Gesundheit seiner Mitbürger besorgt: 1358 gibt es schon eine Apotheke[15]. 1558 untersagt eine Anordnung den Verkauf von Melonen und Kartoffeln, die laut dieser

---

11 Regensburg galt im frühen Mittelalter mit seinem eisenverarbeitenden Gewerbe als Zentrum des Waffenhandels.

12 Das gilt besonders für das frühe Mittelalter.

13 Die Handelsbeziehungen zu diesen Orten florieren erst im hohen Mittelalter.

14 Es handelt sich um die erste öffentliche Beleuchtung der Stadt mit 140 an Gebäuden angebrachten Laternen.

15 GEMEINER, C. Th., *Regensburgische Chronik*. 4 Bde. Regensburg: Montag und Weiß, 1800 – 1824, hier Bd. 2, 1803, S. 104, erwähnt für 1357 die erste urkundliche Nennung einer Apotheke in Regensburg. Apotheker gibt es bereits etwa hundert Jahre früher in der Stadt.

Anordnung der öffentlichen Gesundheit schaden! Heute lachen wir darüber. Wer weiß, ob unsere Urenkel nicht ebenso gute Gründe haben werden, über uns zu lachen? Bäcker und Metzger wurden in punkto Qualität und Quantität der Produkte, die sie verkauften, sehr streng überwacht. Wenn sie betrogen, drohte ihnen das Ertränken[16]. Dem Bier galt natürlich eine ganz besondere Aufmerksamkeit. Hinrichtungen von Betrügern und Fälschern waren immer öffentlich und von Freudenrufen des Pöbels begleitet.

Diese glücklichen Zeiten dauerten nicht lange.

Ende des 14. Jahrhunderts störte der Krieg bereits den Handel, dann lenken Venedig und Genua die Handelswege mit dem Orient zu ihrem Vorteil um. *Regensburg*, das die größte Stadt Deutschlands gewesen sein muss, sieht seine Größe von Jahr zu Jahr schwinden. Im 15. Jahrhundert ist man der Meinung, dass die Stadt nur dadurch überleben kann, dass sie sich Bayern anschließt, was 1486 geschah. Aber der Kaiser nimmt das nicht hin, droht dem bayerischen Herzog und der Stadt, rückt mit einem Heer an und nach einem kurzen Zusammenschluss von sechs Jahren muss der Herzog 1492 erneut die Selbstständigkeit der Stadt anerkennen. Der Friede unter den Bürgern wurde dadurch trotzdem nicht wieder hergestellt. Es gab Volksaufstände, die politischen Leidenschaften entluden sich. Eines Tages wurden die Synagoge und das gesamte jüdische Viertel völlig zerstört. Wo sich die Synagoge befunden hatte, errichtete man eine Kapelle. Während der Reformation fand Luthers Lehre in Regensburg Anhänger und diese Kapelle wurde und blieb die protestantische Kirche[17].

Der Dreißigjährige Krieg machte sich bis hierher bemerkbar. 1633 erreichen die Schweden die Donau. *Stadtamhof*, das sich widersetzt, wird völlig zerstört und Regensburg entging der Zerstörung nur dadurch, dass es sich ergab. Und als die Schweden den Kaiserlichen weichen mussten, tauchten weitere Feinde auf: Hunger und Pest. 1713 erlagen binnen weniger Monate 7857 Menschen der Pest[18]. Die Stadt erlebte trotzdem noch einige große Tage: als der Herzog von Bayern hier in den Kurfürstenstand erhoben wurde[19] und als der Rat des Königreiches den

---

16 Ihnen drohte das sogenannte „Schupfen" oder „Sprengen": es handelte sich dabei um eine Körperstrafe durch Untertauchen („Bäckertaufe"), die jedoch nicht den Tod des Delinquenten zur Folge haben sollte. Nach Bauer, *Regensburg*, S. 410, 942 – 943 traf diese Strafe Bäcker, die falsch abgewogen hatten, aber auch Metzger und Fischer, wenn die Qualität der Ware nicht stimmte.

17 Die Rede ist von der seit 1542 so benannten ‚Neuen Pfarr'.

18 Diese Zahl überliefert Schöppler, H., *Die Geschichte der Pest zu Regensburg*. München: Verl. der Aerztlichen Rundschau Gmelin, 1914, S. XX.

19 Kaiser Ferdinand II. übertrug auf dem Regensburger Deputationstag 1623 im Rahmen einer feierlichen Zeremonie auf dem Alten Kornmarkt die Pfälzer Kurwürde auf den bayerischen Herzog Maximilian.

Entschluss fasste, ständig in *Regensburg* zu tagen[20], was den Handel der Stadt förderte. Dann begannen wieder Kriege. Während des <u>Österreichischen Erbfolgekrieges</u> wurde *Regensburg*, immer noch Freie Reichsstadt, von den Bayern erobert, denen es dann die Kaiserlichen entrissen. Während des <u>Spanischen Erbfolgekrieges</u> setzen sich die erschreckten Gesandten nach Frankfurt am Main ab. Es kommen die Kriege der Französischen Revolution und des Französischen Kaiserreiches. Das Heilige Römische Reich Deutscher Nation bricht unter den Schlägen <u>Bonapartes</u> zusammen. Der Regensburger Reichstag von 1803 verkündet das Ende dieses Reiches und *Regensburg* wird zur Residenz des Reichskanzlers und Primas von Deutschland Carl von Dalberg, dem Bonaparte die Stadt als Fürstentum schenkt. 1809 war Bayern Verbündeter <u>Napoleons</u>, während *Regensburg* immer noch Freie Reichsstadt, aber Verbündete der Kaiserlichen war. Deshalb

---

20 Mit dem „Rat des Königreiches" meint B. offenkundig den Reichstag. Es handelte sich nicht um einen aktiven Beschluss, ständig zu tagen. Der Kaiser berief einen Reichstag ein, zu dem er am 22. Dezember 1663 selbst erschien, reiste aber unverrichteter Dinge am 18. März 1664 wieder ab, ebenso die Reichsfürsten. Zurück blieben die Delegationen, die fortan weisungsgebunden in Permanenz tagten: Der „Immerwährende" Reichstag war entstanden. (FÜRNROHR, W., *Der Immerwährende Reichstag zu Regensburg. Das Parlament des alten Reiches. Zur 300-Jahrfeier seiner Eröffnung 1663*. Regensburg/Kallmünz: Lassleben, ³2001, S. 7).

erstürmten die Franzosen und die Bayern die Stadt und schlugen die Österreicher zurück. Eine Gedenktafel an einem Haus der *Klarenangerstraße*[21] besagt im Wesentlichen: wo sich dieses Haus erhebt, schlugen die Franzosen am 23. April 1809 eine Bresche in die Mauer und drangen in die Stadt ein. Sie steckten sie in Brand und plünderten sie. Als man Napoleon, der damals gerade beim Essen war, meldete, dass seine Soldaten plünderten, antwortete er angeblich, ohne sich stören zu lassen: „Das ist der Krieg!"[22]. Es gibt übrigens hier weitere Spuren von Napoleons Aufenthalt: so kann man an einem Haus in der Nähe des Bahnhofs[23] lesen: hier wurde am 23. April 1809 Napoleon I. bei der Beschießung der Stadt verletzt. Es war übrigens nur eine sehr leichte Verlet-

---

21 Auf dem Gelände des heutigen Dachauplatzes gründeten Frauen vermutlich bereits im Jahre 1228 ein Kloster. Sie bezeichneten sich zuerst als Reuerinnen oder Magdalenerinnen und schließlich nach der Hl. Klara als Klarissinnen. Nur die damals existierende nördliche Hälfte der heutigen D.-Martin-Luther-Straße hieß deshalb „Klarenanger", eine Zusammensetzung aus „Klara" und „Anger". Nach der Verlängerung dieser Straße durch die Allee südwärts in Richtung Bahnhof trug der ganze Straßenzug den Namen „Klarenangerstraße", seit 1908 wiederum nur die Bezeichnung „Klarenanger". (BAUER, K.: ebd., S. 40).
22 Das Zitat findet sich bei WEININGER, H., *Fremdenführer durch Regensburg und dessen nächste Umgebung*. Regensburg: Coppenrath, 1869, S. 22, als: „C'est la guerre („Das ist der Krieg)".
23 Das Haus Hemauer Straße 2, das 1980 abgerissen wurde, trug eine Gedenktafel mit dieser Inschrift. (BAUER, *Regensburg*, S. 41).

zung am Fuß. Über *Stadtamhof* erhebt sich ein Denkmal mit diesen Worten: Hier stellte Napoleon 1809 die Batterie auf, die auf *Stadtamhof* schoss[24]. Und um mit den Erinnerungen an Napoleon zu Ende zu kommen: der Stein, auf den er sich angeblich setzte, um seine Wunde verbinden zu lassen, wurde von seinem Besitzer Napoleon III. angeboten, der den Erwerb dieser Reliquie ablehnte. Fest steht, dass Napoleon I. Regensburg 1810 an Bayern gab.

<u>Nach dem Anschluss an Bayern</u> blühte das Leben erneut auf: zwar war es nicht mehr die Zeit der blühenden Freiheit des 13. und 14. Jahrhunderts, aber die Einwohner konnten immerhin in Frieden arbeiten. Als davon die Rede war, an der Donau eine Festung zu bauen, dachte man an *Regensburg*, aber aus strategischen und finanziellen Gründen zog man Ingolstadt vor.

Und Regensburg ist seit 1810 nur mehr ein Teil Bayerns, das wiederum seit 1871 Teil des Deutschen Kaiserreiches ist.

Die wichtigsten Ereignisse der Geschichte *Regensburgs* sind in der folgenden Darstellung chronologisch zusammengefasst:

14 vor Christus: Ankunft der Römer _ 179 nach Christus: Bau des Kastells (Porta Praetoria) _ 400 ? Die Germanen mit den Bajuwaren _ 788: Die Franken mit Karl dem Großen _ 13. Jahrhundert: Freie Reichsstadt _ 1275: Dom _ 1486: vorübergehender Anschluss Regensburgs an Bayern.

1513[25]: Volksaufstand _ 1633: Dreißigjähriger Krieg, *Stadtamhof* zerstört _ 1803: Bonaparte schenkt die Stadt C. von Dalberg _ 1809: Napoleon in *Regensburg* _ 1810: Napoleon gibt die Stadt an Bayern.

(Fortsetzung folgt) A. Besancenot, „Ratisbonne à travers les âges", in: *Le Pour et le Contre*, Nr. 11, Sonntag, 24. September 1916, S. 2–3

Regensburg im Wandel der Zeiten

<u>Zur Zeit</u> versucht Regensburg, das früher ein Mal die größte Stadt Süddeutschlands war, sich allmählich wieder von den furchtbaren Schlägen zu erholen, die der Krieg, die Konkurrenz der italienischen Republiken und die Pest ihm versetzt haben. Während es 1830 nur mehr 18.000 Einwohner gab, zählt man heute ungefähr 54.000, die Vorstädte *Stadtamhof*, *Steinweg* usw. nicht mitgerechnet. Es ist die Hauptstadt der *Oberpfalz*. Ein Bischof residiert dort. An bedeutenden Schulen

---

24 Es handelt sich um die 1890 am Österreicher-Weg aufgestellte Gedenksäule mit gusseiserner Gedenktafel am Sockel. Die Inschrift ist hier sinngemäß wiedergegeben.

25 Gemeint ist hier das Jahr 1519.

findet man ein Gymnasium[26], zwei Kollegien[27] und alle Arten von Fachschulen, unter anderem eine für Häuserbau, eine für Hufschmiede, eine Winterschule für Landwirte, eine für Schiffer.

Zwei Regimenter haben ihre Kasernen in der Stadt: das 11. Infanterieregiment „Von der Tann", von dem zwei Bataillone in der Neuen Infanteriekaserne[28] und das dritte in der Alten Kaserne (*Minoritenkaserne*) untergebracht sind – und dann das 2. Chevaulegers[29] „Taxis".

Handel und Industrie gedeihen recht gut. Die Bleistiftfabrik Rehbach[30], die Zuckerfabrik[31], die Seifenfabrik[32],

---

26 1811 war das Alte Gymnasium als paritätisches Gymnasium aus dem Zusammenschluss von reichsstädtischem *gymnasium poeticum* und Höherer Schule der Jesuiten entstanden (d. i. das heutige Albertus-Magnus-Gymnasium). Seit 1880 besteht daneben das Neue Gymnasium (heute Albrecht-Altdorfer-Gymnasium).

27 Gemeint sind möglicherweise die 1874 gegründete Kirchenmusikschule, heute Hochschule für katholische Kirchenmusik und Musikpädagogik, sowie die „Präparandenschule", seit 1958 Pädagogische Hochschule.

28 Sie wurde zwischen 1891 und 1916 vom Königreich Bayern an der Landshuter Straße errichtet.

29 Bei den Chevau-légers bzw. Chevaulegers handelt es sich um die mittelschwere Kavallerie, die von 1813 bis zum Ende des Ersten Weltkrieges die typische Waffengattung des bayerischen Heeres war. Die in der Soldatensprache als „Schwolischee" („Schwoli"), im bayerischen Dialekt als „Schwalangschär" bezeichneten Kavalleristen fanden ihren Platz in zahlreichen volkstümlichen Liedern, Gedichten und Erzählungen.

30 Johann Jakob Rehbach verlegte 1820 seine Bleistiftmanufaktur von Obernzell bei Passau nach Regensburg. Innerhalb weniger Jahre wurde die Firma zu einem der größten Industrieunternehmen der Stadt. 1934 ging sie in Konkurs.

31 Die sogenannte zweite Zuckerfabrik, die 1899 von Fürst Albert von Thurn und Taxis (1867 – 1952) gegründet wurde und bis 2007 bestand.

32 Die heutige Parfümerie F. X. Miller firmierte zur letzten Jahrhundertwende als Seifenfabrik.

die Töpfereien, die Brauereien, die Druckereien, besonders die Druckereien für religiöse Bücher[33], die Schiffswerften[34] sind die besten Beweise dafür. Am Donaukai findet ein erheblicher Warenumschlag statt: die Schiffe können nämlich in Folge der fehlenden Tiefe des Flusses die Donau nicht weiter hochfahren. Mächtige Reedereien wie die österreichische Schifffahrtsgesellschaft[35] haben hier ihren Sitz. Schließlich war und ist Regensburg für die Regensburger und die Bayern immer noch für seine Würste berühmt. In der Nähe der Steinernen Brücke befindet sich die *Wurstküche*, über die der Dichter sagte: „Selbst für einen König wurden nie bessere Würste gebraten als hier."[36]

Und es geht die Rede: „Wer von den besagten Würsten nicht gegessen hat, war nie in *Regensburg*."

— Ende des ersten Teils —

(Fortsetzung folgt) A. Besancenot, „Ratisbonne à travers les âges", in: *Le Pour et le Contre*, Nr. 12, Sonntag, 1. Oktober 1916, S. 4

Regensburg (Fortsetzung)
Die wichtigsten Baudenkmäler der Stadt und der Umgebung

Ihr seid alle mehr oder weniger durch die Stadt gelaufen und konntet die große Anzahl von Gassen und Sackgassen bemerken, die das Alter der Stadt bezeugen und ihr Gepräge sowie ihr malerisches Wesen ausmachen. Und was für seltsame Namen diese Gässchen tragen! *Wermutstraße*[37], *Gichtlgasse*, *Zur schönen Gele-*

---

33 Die Rede ist von der Manz'schen Verlagsanstalt und vom Pustet-Verlag, der seit 1884 als alleiniger Herausgeber der *Editio typica* von der röm.-kath. Kirche privilegiert war (*150 Jahre Verlag Friedrich Pustet Regensburg 1826–1976*, hg. vom Verlag Friedrich Pustet. Regensburg: Pustet, 1976, S. 17).

34 Die Schiffswerft Ruthof bestand in Regensburg seit 1892 und gab 1975 den Betrieb auf. Der Regensburger Ableger der 1885 gegründeten und heute noch produzierenden Lauenburger Hitzler-Werft existierte von 1921 bis 1994.

35 Gemeint ist die am 13. März 1829 in Wien gegründete *Erste Donau-Dampfschiffahrts-Gesellschaft* (oder nur *Donau-Dampfschiffahrts-Gesellschaft*, kurz DDSG), die heute noch als *DDSG Blue Danube* für die Personenbeförderung und als *First-DDSG* für den Frachtbereich besteht.

36 Dieses Diktum findet sich in dem *Büchlein von der Regensburger Wurstküche* von Carl Woldemar Neumann aus dem Jahr 1886 (Reprint in Regensburg: Walhalla-u.-Praetoria-Verl. Zwickenpflug, ca. 1980), S. 31. Diese Kleinschrift kann B. gekannt haben. Sie liefert im Anhang eine Anzahl von Zweizeilern mit „Lebensweisheiten" aus der Regensburger Wurstküche in der Art der dem Dichter in vorangehendem Zitat zugeschriebenen Sentenz.

37 Die Wermutstraße befand sich in der Nähe von Dreikronengasse und Schäffnerstraße. Siehe dazu: SCHWÄBL, J. N., *Regensburgs Orts- und Straßennamen*, (maschr. 2 Bde.) 1926, Bd. 1, S. 158; s.a. Bd. 2, S. 594 ff.) In dieser Gegend änderte sich jedoch der Stadtgrundriss infolge der Zerstörungen im Koalitionskrieg von 1809.

Regensburg: Römisch-mittelalterliches Museum zu St. Ulrich und Römerturm.

Ulrichskirche
(Sammlung Peter Milić)

genheit, Hinter der Flasche[38]! Nehmen wir also ein Mal an, dass wir die Erlaubnis erhalten haben, die Stadt zu besichtigen. Wenn wir vom Lager aufbrechen, bemerken wir, nachdem wir die Donau überquert haben und am St.-Georgenplatz angekommen sind, die Reste der St.-Georgenkapelle[39] mit ihren frühromanischen Doppelfenstern. Ganz in der Nähe, östlich davon, die Überreste der römischen Festung. Auch ganz in der Nähe, das *Erhardihaus*[40], Sitz des historischen Komitees für die Oberpfalz und *Regensburg*. Im Erdgeschoß befindet sich der Dollingersaal[41], der wegen seiner Fresken interessant ist, die den Kampf des deutschen Helden Dollinger gegen den hunnischen Riesen Krako darstellen. Im ersten Stockwerk ist ein Museum mit Münz- und Siegelsammlungen, Gemälden, Waffen berühmter

38 Der nordwestliche Teil der Roten-Hahnen-Gasse (Hinter der Grieb bis Haidplatz) hieß bis 1885 „Hinter der Flasche zu den 3 Hacken". Die „drei Hacken" leiten sich vom Namen einer Gaststätte her, die sich dort befand, und das Anwesen Haidplatz 2 führte den Hausnamen „Flasche". (SCHWÄBL, *Straßennamen*, Bd. 1, S. 287).

39 Es handelt sich um die 1905 wiederentdeckten Reste der Kapelle St. Georg und Afra bei der Nordostecke der Römermauer am St.-Georgen-Platz.

40 Es wurde 1889 erbaut. Hier befand sich, wie im Folgenden bemerkt, das erste dauerhafte Vereinslokal des Historischen Vereins. Daraus erklärt sich wohl auch, dass nach Abbruch des Dollingerhauses (dem Rathaus gegenüber) der mittelalterliche Festsaal hierhin transferiert wurde.

41 Eine der bedeutendsten Sehenswürdigkeiten Regensburgs. Das geschilderte Bildwerk entstand vermutlich kurz vor 1300. (BAUER, *Regensburg*, S. 208).

Feldherren. Wir kommen zur <u>Ulrichskirche</u>, die zunächst einmal durch ihre Bauart bemerkenswert ist. Sie wurde 1250 errichtet und man spürt in ihr, dass man den Wunsch hatte, etwas Neues zu schaffen und das Bekannte hinter sich zu lassen, ohne jedoch das Alte ganz aufzugeben. Diese Kirche ist eines der Schmuckstücke Bayerns, ein Wunderwerk in kunstgeschichtlicher Hinsicht. Heute ist es ein Museum mit den Schätzen aus prähistorischer und römischer Zeit, das auch Münzsammlungen und Statuen beherbergt. Auf dem <u>Moltkeplatz</u>[42] der Römerturm, der fälschlich so genannt wird, da er aus dem 13. Jahrhundert stammt, aber mit Steinen aus den römischen Befestigungsmauern erbaut wurde[43]. Ganz in der Nähe die <u>Alte Kapelle</u>, die trotz ihres modernen Aussehens wirklich alt ist. Sie wurde am Standort eines Juno-Tempels[44] aus den Kalksteinblöcken des römischen Kastells im reinsten romanischen Stil errichtet und 1748 im Rokokostil neu erbaut[45], dann 1886 restauriert. Hingewiesen sei auf die zwei Steinfiguren, die wahrscheinlich die Beichte darstellen[46], dann auf ein Madonnenbildnis[47] in der Gnadenkapelle. Die <u>Alte Kaserne</u>, in die viele von euch zum Arbeitsdienst gegangen sind, ist in einem ehemaligen Kloster untergebracht. Sogar dessen Kapelle[48] wurde militärischen Zwecken zugeführt[49]. Hier ging der Regensburger besonders plump und unglückselig vor: der wunderbare Kreuzweg[50] aus dem 15. Jahrhundert wurde zum großen

---

42 Der Alte Kornmarkt, der 1893 nach Generalfeldmarschall von Moltke umbenannt worden war (SCHWÄBL, *Straßennamen*, Bd. 1, S. 186 ff.), trägt seit 1933 wieder seinen vormaligen Namen. (Vgl. Adressbuch der Stadt Regensburg für die Jahre 1931/32 und 1934/35).

43 Nach heutigem Kenntnisstand wurde der „Römerturm" über karolingischem Unterbau etwa 1210 errichtet und markiert die nordwestliche Ecke eines frühmittelalterlichen Pfalzkomplexes. (SCHMID, A., *Regensburg: Reichsstadt, Fürstbischof, Reichsstifte, Herzogshof*. München: Komm. f. Bayerische Landesgeschichte (=*Historischer Atlas Regensburg, Teil Altbayern*; 60), 1995, S. 49).

44 Im Bereich der Alten Kapelle waren bereits im 19. Jh. bei Grabungen römische Thermen angeschnitten worden. (SCHMID, A., *Regensburg*, S. 17).

45 Die Kirche wurde damals nicht neu gebaut, sondern im Stil des bayerischen Rokoko umgestaltet. Die meisten mittelalterlichen Bestandteile gingen dabei allerdings verloren.

46 Es könnte sich auch um den Hl. Rupert von Salzburg (um 650–718) zusammen mit Herzog Theodo (um 680–717) handeln. (HAUSCHKA, E. R./SPITTA, W., *Regensburg, Schaubühne der Vergangenheit*. Regensburg: Walhalla u. Praetoria Verl., 1978, S. 45).

47 Das Gnadenbild aus dem 13. Jahrhundert ist eines der ältesten deutschen Tafelbilder. Es steht in der Tradition byzantinischer Ikonen.

48 Gemeint ist die Minoritenkirche.

49 Minoritenkirche und -kloster wurden seit 1871 bis nach dem Ersten Weltkrieg militärisch genutzt. (MICUS, R., „Zur profanen Nutzung mittelalterlicher Sakralbauten", in: Trapp, Eugen (Hrsg.), *Vorsicht Baudenkmal! Konfliktfelder Umwelt – Nutzung – Geschichte. Beiträge des 28. Regensburger Herbstsymposions für Kunst, Geschichte und Denkmalpflege vom 22. bis 24. November 2013*. Regensburg: Morsbach, 2014, S. 73–86, hier S. 74).

50 B. spricht offensichtlich von den beiden *Kreuzgängen* der Minoritenkirche. Der gesamte Ostflügel und der größte Teil des Südflügels des sogenannten Großen Kreuzganges wurden im 19. Jahrhundert abgerissen. Vom Kleinen Kreuzgang stehen nur noch fünf Joche des Ostflügels. (Siehe: MADER, F. (bearb.), *Die*

Regensburg Moltkeplatz.

Regensburg Moltkeplatz

Moltkeplatz
(jeweils Sammlung Peter Milić)

REGENSBURG a. D.   Alte Kapelle am Moltkeplatz

Alte Kapelle
(Sammlung Peter Milić)

Römerturm
(Sammlung Peter Milić)

REGENSBURG
Römerturm und bayr. Herzogsburg

Regensburg — Alte Kaserne und alte Minoritenkirche

Alte Kaserne
(Sammlung Peter Milić)

Teil zerstört, die Überreste, die man davon noch bewundern kann, geben eine Vorstellung vom Wert des verschwundenen Schatzes. Dieser Kreuzweg, die Kapellen und die Kirche waren mit Gräbern geschmückt, die zerstört und teilweise zum Pflastern der Flure und für den Bau von Latrinen verwendet wurden. In der Klarenangerstraße[51] befindet sich die Stelle, an der Napoleon eine Bresche in die Stadtmauer schlug, und der Ort, an dem er verletzt wurde[52]. Biegen wir Richtung Bahnhof ab und gehen wir die Allee hinunter, die zur Maximilianstraße führt. Links sehen wir das Denkmal in Form einer Rotunde und einer Kuppel, die von acht dorischen Säulen getragen wird, unter der sich die Carrara-Marmorbüste des Astronomen Kepler befindet, der in dieser Stadt geboren ist und den Planeten Uranus entdeckte[53]. Etwas weiter von der Allee entfernt einen Obelisken, der zum Geden-

Kunstdenkmäler der Oberpfalz, XXII Stadt Regensburg, III. Profanierte Sakralbauten und Profangebäude, München: Dt. Kunstverl., 1933, S. 19–20).
51 Die heutige D.-Martin-Luther-Straße.
52 Siehe dazu Fußnote 23.

53 Johannes Kepler starb 1630 in Regensburg und wurde auf dem Petersfriedhof begraben. Er stammte gebürtig aus Weil der Stadt (unweit Stuttgart). Er entdeckte *keinen* Planeten, berechnete aber die Laufbahn der seinerzeit bekannten sechs Planeten und entwickelte die

4

Ratisbonne (suite)

Les principaux monuments de la ville et des environs –

Vous avez tous, plus ou moins, parcouru la ville et vous avez pu vous rendre compte du grand nombre de ruelles et d'impasses qui témoignent de l'ancienneté de la ville et lui donnent son cachet ainsi que son caractère pittoresque. Et quels noms bizarres portent ces ruelles : Vermutstrasse, Gichtgasse, Zur schönen Gelegenheit, Hinter der Flasche! – Supposons donc que nous avons obtenu l'autorisation de visiter la ville. Partant du dépôt, après avoir traversé le Danube, arrivés à la Place St. Georges, nous apercevons les restes de la Chapelle St Georges avec ses doubles-fenêtres du roman primitif ; tout près, à l'Est, les restes de la forteresse romaine. Tout près encore, das Erhardihaus, la maison d'Erhardi, siège du comité historique pour le Haut-Palatinat et Regensburg. Au rez-de-chaussée, se trouve la salle de Dollinger intéressante par ses fresques représentant le combat du héros allemand Dollinger contre le géant hun Krako. Au 1er étage est un musée contenant des collections de monnaie, de sceaux à cacheter, des peintures, des armes de généraux célèbres. Nous arrivons à l'église d'Ulrich (Ulrichskirche) remarquable d'abord par son genre de construction ; construite en 1250, on y sent le désir de faire quelque chose de nouveau, de sortir du commun sans toutefois abandonner complètement l'ancien. Cette église est une des perles de la Bavière, une merveille au point de vue histoire de l'art. Aujourd'hui, c'est un musée renfermant les trésors des temps préhistoriques et romains, contenant aussi des collections de monnaie, des statues. Sur la Place de Moltke, la tour des Romains, faussement nommée puisqu'elle date du 13e siècle, mais construite avec les pierres provenant des remparts romains. Tout près, la Vieille Chapelle, die, Alte Kapella, vraiment vieille malgré son aspect moderne. Construite à l'emplacement d'un temple de Junon, avec les blocs calcaires du castel romain et dans le style roman le plus pur, elle fut réédifiée en 1748 dans le style rococo, puis restaurée en 1886. A signaler les 2 figures en pierre représentant vraisemblablement la Confession, puis une image de Madone dans la chapelle des Grâces. La vieille caserne, où beaucoup d'entre vous sont allés en corvée, est installée dans un ancien couvent dont la chapelle même a été affectée à des buts militaires. Ici, la main du Ratisbonnais a été particulièrement lourde et malheureuse : le superbe chemin de croix datant du 15e a été en grande partie détruit ; les restes qu'on en peut encore admirer donnent une idée de la valeur du trésor disparu. Ce chemin de croix, les chapelles et l'église étaient ornés de tombeaux qui furent détruits et en partie utilisés pour le pavage des couloirs et pour la construction de latrines. Dans la Maraangerstrass se trouve la place où Napoléon fit une brèche dans la muraille de la ville et le lieu où il fut blessé. Tournons vers la gare et descendons l'allée conduisant à la rue Maximilien. A gauche nous apercevons le monument en forme de rotonde, de coupole supportée par huit colonnes doriques, en dessous de laquelle se trouve le buste, en marbre de Carrare de l'astronome Kepler né en cette ville et qui découvrit la planète Uranus. Un peu plus éloigné de l'allée, un obélisque élevé à la mémoire du Prince de Thurn et Taxis, qui céda à la ville les spacieux jardins situés près de la gare. Laissant de côté le superbe et immense palais des Princes de Thurn et Taxis, nous arrivons à l'Obermünster, autrefois couvent des demoiselles nobles, aujourd'hui petit séminaire. C'est dans une des chapelles de ce couvent que l'Irlandais Murchard vécut 40 années sans sortir une seule fois. Un peu plus loin l'Eglise St. Emmeran, autrefois, couvent de Bénédictins s'occupant d'arts, de sciences, composant et vendant des livres, enseignant le grec aux nobles bavarois, aujourd'hui une église devenue la propriété de la maison Thurn-et-Taxis – Tout près de la cathédrale, l'ancienne résidence du Prima, maison qui rappelle la présence de Napoléon ici et, en même temps, les plus mauvais jours de l'Allemagne ou plus exactement de la Prusse. (à suivre)

A. Besancenot.

Souhaits de bienvenue

Nous sommes heureux de présenter aux nouveaux débarqués nos meilleurs souhaits de bienvenue et nous nous permettons de leur dire combien nous serions heureux et flattés de leur collaboration éventuelle au journal "Le Jour et le Contre." – D. L.

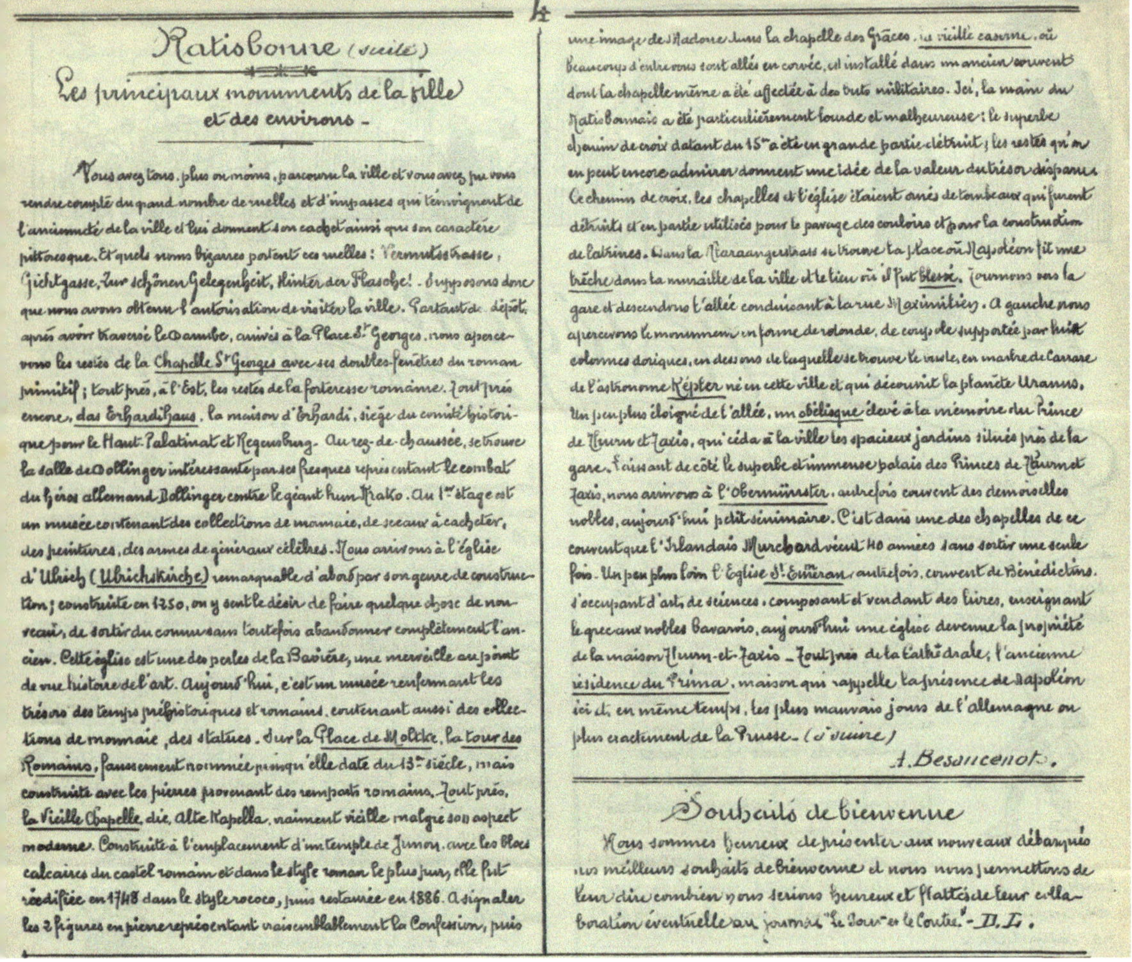

ken an den Fürsten von Thurn und Taxis errichtet wurde, der der Stadt die weitläufigen Gärten in der Nähe des Bahnhofs überließ[54]. Wir lassen den prächtigen und riesigen Palast der Fürsten von Thurn und Taxis beiseite und kommen beim Obermünster an, ehemals ein Kloster für adelige Fräulein, heute ein kleines Seminar. In einer der Kapellen dieses Klosters lebte der Ire Mercherdach[55] 40 Jahre lang ohne ein einziges Mal das Haus zu verlassen. Etwas weiter die Kirche Sankt Emmeram, früher ein Kloster von Benediktinern, die sich mit Künsten und Wissenschaften beschäftigten, Bücher verfassten und verkauften und den bayerischen Adeligen Griechisch beibrachten[56], heute eine Kirche, die in den Besitz des Hauses Thurn und

drei Kepler'schen Gesetze, die später Isaac Newton bestätigen sollte. (List, M., „Kepler, Johannes", in: *Neue Deutsche Biographie* 11, 1977, S. 494–508).

54 Der Obelisk erinnert an den Stifter der Allee, Fürst Carl Anselm von Thurn und Taxis (1733–1805).

55 Mercherdach ist der erste namentlich bekannte iro-schottische Mönch in Regensburg. Er lebte als Inkluse bei Obermünster, wo er 1075 verstarb. (Schmid, A., *Regensburg*, S. 218).

56 B. meint hier die im Mittelalter hoch angesehene Ordensschule von St. Emmeram. Die Bibliothek hatte um 1500 von Aventin über Con-

Regensburg a. D. Maximilianstrasse

Maximilianstraße
(Staatliche Bibliothek Regensburg, Signatur: A, IX, 20)

St. Emmeram
(Sammlung Peter Milić)

Regensburg — St. Emmerams-Kirche

Emmeramsplatz
(Sammlung Peter Milić)

Taxis übergegangen ist. Ganz in der Nähe des Doms die ehemalige <u>Residenz des Fürstprimas</u>[57], das Haus, das an die Anwesenheit Napoleons in der Stadt erinnert und gleichzeitig an die schlimmsten Tage Deutschlands oder genauer gesagt Preußens.

(Fortsetzung folgt) A. Besancenot, „Ratisbonne à travers les âges", in: *Le Pour et le Contre,* Nr. 13, Sonntag, 8. Oktober 1916, S. 4

Regensburg (Fortsetzung)
Die wichtigsten Baudenkmäler der Stadt und der Umgebung

Wir kommen am Fuße des <u>Doms</u> an und unsere Blicke sind voller Bewunderung. Sein Begründer ist Bischof Leo der Thundorfer, der Grundstein wurde von ihm 1275 gelegt. Die ganze Ostseite, das heißt die Seite, die wir vom Lager aus sehen,

rad Celtis und Erasmus von Rotterdam bis hin zu Johannes Cuspinianus äußerst prominente Benutzer. (MBK IV, 1, S. 129–131).

57 Es handelt sich um die frühere Dompropstei, in der Carl von Dalberg, der Landesherr des Fürstentums Regensburg (1803 bis 1810), residierte. Hier übernachtete Napoleon vom 24. auf den 25. April 1809. Eine Inschrift am Haus erinnert daran.

Domplatz
(Sammlung Peter Milić)

wurde nach den Plänen Meister Ludwigs[58] ausgeführt. Aber erst 1383 errichtet man die Fundamente des Nordturms. Wie ihr feststellen könnt, hatte es bei den Arbeiten infolge des zwangsläufigen Baumeisterwechsels eine Unterbrechung von fast einem Jahrhundert gegeben, deshalb ist die Fassade von verschiedenen architektonischen und künstlerischen Auffassungen geprägt. Der Dom erhält seine gegenwärtige Form erst mit den Baumeistern Roritzer Vater und Sohn und dann noch nicht ein Mal! Denn das dritte Stockwerk der Türme wurde erst 1524 aufgesetzt und erst in der zweiten Hälfte des 19. Jahrhunderts, von 1859 bis 1869, ließ der bayerische König Ludwig I. die beiden Turmhelme, die beiden Pyramiden, auf die bereits bestehenden Türme setzen. Es war leicht, Baumaterial zu finden, denn etwas flussaufwärts, in *Abbach* und in *Kalkstein*[59], befinden sich Steinbrüche guter Qualität mit Steinen, die man auf dem Fluss verfrachtete. Das großartige, reich verzierte Äußere steht im Gegensatz zum schlichten Inneren. Das Außenportal enthält Juwelen der Bildhauerkunst, unter anderem eine bezaubernde Statue der

58 *Magister Ludwicus lapicida* – B. kannte möglicherweise die umfängliche Darstellung der Geschichte des Doms von Regensburg von J.-R. Schuegraf, erschienen in den *Verhandlungen des Historischen Vereins* von 1847 und 1848 (Bd. 11 und 12), mit Nachträgen in den Bänden von 1855 (Bd. 16) und 1858 (Bd. 19).

59 B. meint offensichtlich Kelheim, in dessen Umkreis zahlreiche Steinbrüche bestanden.

Ratisbonne (suite)
Les principaux monuments de la ville et des environs.

Nous arrivons au pied de la cathédrale et nos regards sont pleins d'admiration. Son fondateur est l'évêque Léo der Tundorfer; la première pierre fut posée par lui en 1275. Tout le côté est, c-à-d. celui que nous voyons depuis le dépôt, a été fait d'après les plans de Mr Ludwig. Mais ce n'est qu'en 1383 qu'on pose les fondations de la tour nord; comme vous le constatez, il y avait eu une interruption de près d'un siècle dans les travaux, par suite du changement forcé d'architecte; aussi la façade porte-t-elle l'empreinte de m⁰⁰ artistiques et architecturales différentes. La cathédrale n'obtint sa forme présente qu'avec les architectes Roritzer père et fils, et encore! car le 3ᵐᵉ étage des tours ne fut posé qu'en 1524 et ce n'est que dans la 2ᵐᵉ moitié du 19ᵐᵉ siècle de 1859 à 1869, que le roi de Bavière, Louis I fit poser les deux casques, les deux pyramides, sur les tours déjà existantes. Il était facile de trouver des matériaux car, quelque peu en amont, à Abbach et à Kalkstein, sont des carrières de pierre de bonne qualité que le fleuve charria. La magnificence de l'extérieur, richement orné contraste avec la simplicité de l'intérieur. Le portail extérieur contient des perles de sculpture, entre autres, une statue ravissante de Ste Madeleine et les péchés capitaux représentés sous formes d'animaux. Les tours sont hautes de 107 m. Dans les fenêtres des 3 chœurs, on trouve des vitraux et des peintures sur verre admirables. Le trésor de la cathédrale contient une quantité de reliques célèbres. Mais il est impossible de décrire en quelques lignes, même sommairement, toutes les beautés du Dom. Laissons donc, à regret, la cathédrale et arrivons à la maison de l'évêque Leo Tundorfer, le fondateur de la merveille que nous venons de quitter. Sur la façade de cette maison, est une peinture comme au loin représentant le combat de David contre Goliath. La maison primitive datait du 11ᵐᵉ siècle, elle fut reconstruite en 1897, mais son vieux caractère lui a été conservé dans les limites du possible. D'une façon générale on peut dire que Ratisbonne, surtout dans ses maisons privées, reflète le style gothique primitif; parfois cependant, dans les piliers, dans les voûtes, on reconnaît le style roman. (à suivre)

A. Besançenot.

Goliathhaus
(Sammlung Peter Milić)

Heiligen Magdalena und die in Form von Tieren dargestellten Todsünden. Die Türme sind 107 Meter hoch[60]. In den Lichtöffnungen der drei Chöre findet man bewunderungswürdige Kirchenfenster und Glasmalereien. Der Domschatz enthält eine Menge berühmter Reliquien. Aber es ist unmöglich, in ein paar Zeilen alle Schönheiten des Domes auch nur in Kürze zu beschreiben. Verlassen wir also ungern den Dom und kommen wir zum Haus des Bischofs Leo Thundorfer[61], des Begründers des Wunderwerkes, das wir gerade verlassen haben. An der Fassade dieses Hauses befindet sich ein weithin bekanntes Gemälde, das den Kampf David gegen Goliath[62] darstellt. Das ursprüngliche Haus stammte aus dem 11. Jahrhundert, es wurde 1897 wieder aufgebaut, aber sein alter Charakter wurde ihm im Rahmen des Möglichen bewahrt[63]. Allgemein kann man sagen, dass Regensburg besonders mit seinen Privathäusern den frühgotischen Stil widerspiegelt, manchmal erkennt man jedoch an den Pfeilern und an den Gewölben den romanischen Stil.

(Fortsetzung folgt) A. Besancenot, „Ratisbonne (suite) – Les principaux monuments de la ville et des environs", in: *Le Pour et le Contre*, Nr. 14, Sonntag 15. Oktober 1916, S. 4

Regensburg
Die wichtigsten Baudenkmäler der Stadt (Fortsetzung)

Mit Bedauern verlassen wir den Dom und den Bischofshof. Etwas weiter westlich erblicken wir das Alte Rathaus, das vollständig so erhalten ist, wie es im Mittelalter aussah. Es ist eine lebendige Erinnerung an die Vergangenheit im 20. Jahrhundert. Die Täuschung ist so groß, dass man jeden Augenblick glaubt, der Präfekt des Kaiserreiches[64] komme heraus, der Hofnarr des Kronprinzen, die Lakaien in gelber Livree, die Wachen im Seidenmantel und nach ihnen die nach ihrem Rang aufgereihten Gesandten. Das Portal ist wirklich großartig. Alles erinnert an diesem alten

---

60 B. bezieht hier die Höhe des Sockels von ca. 2 Metern mit ein.
61 Das ist das heute sogenannte „Goliathhaus" an der Goliathstraße, ein frühgotischer Bau aus der Zeit 1220–1230.
62 Ein Außenfresko, das Melchior Bocksberger (um 1537 – um 1587) gegen 1573 schuf und das seither mehrfach erneuert wurde.
63 Zunächst war ein Totalabriss geplant, der nach heftiger öffentlicher Diskussion zu einem Entkernen bei Erhalt der Fassaden des Anwesens zwischen Goliathstraße und Watmarkt führte. (vgl. TRAPP, E., „Wahrzeichen", in: *Denkmalpflege in Regensburg* 12, 2001, S. 78–100, bes. S. 86–91).
64 Eine rätselhafte Textstelle. B. könnte den Prinzipalkommissar, den Vertreter des Kaisers auf dem Immerwährenden Reichstag, meinen.

Altes Rathaus
(Staatliche Bibliothek Regensburg, Signatur: A,XII,29)

Rathaus an das 13. Jahrhundert. Ein einziges Zugeständnis hat man gemacht: der 1559 gebaute eiserne Gitterkäfig, der als Gefängnis für nächtliche Ruhestörer und für „liederliche Frauen" diente, wurde 1810 entfernt[65]. Mehrere Räume verdienen besondere Erwähnung: der Reichssaal, die Rüstkammer, der Saal mit den vom Feind erbeuteten Fahnen, das Kurfürstenzimmer, das herrliche Wandteppiche birgt, das Kanonengewölbe[66], die Folterkammer, die alle möglichen Folterwerkzeuge in noch gutem Zustand enthält. Machen wir einen Abstecher bis zum Hotel Goldenes Kreuz. Schon von außen ähnelt es ziemlich einer ein bisschen modernisierten Burg, ein angenehmer Wohnsitz in Friedenszeiten, ein sicherer Zufluchtsort in unruhigen Zeiten. Es war zunächst ein Adelshaus, das im 16. Jahrhundert in ein Hotel umgewandelt wurde, das seitdem zahlreiche gekrönte Häupter, Könige und Kaiser, beherbergte. Hier hatten auch Melanchthon und Eck ein berühmtes Gespräch über die Religion[67]. Als das Glück allmählich den schon alt gewordenen

---

65 Das war das sog. „Narrenhäuschen", das auf der Ansicht des Rathauses von Matthäus Merian von 1644 am Fuße des Rathauserkers zu sehen ist.

66 Es handelt sich um das unter dem Reichstagssaal südlich gelegene, nach der Mitte des 16. Jh. eingezogene Gewölbe, wo schon bald Kanonen und große Waffen zur Ausstattung der reichsstädtischen Bürgerwehr untergestellt wurden. Heute ist vom „Kanonenhof" die Rede.

67 An dieser Stelle verwechselt B. das „Goldene Kreuz" mit der „Neuen Waag", in der das Re-

Haidplatz und Hotel „Goldenes Kreuz"
(Staatliche Bibliothek Regensburg, Signatur: A,III,6)

Karl V. verließ und er sagte: „Das Glück ist ein Weib, das junge Männer liebt"[68], fand er in der Liebe und in diesem Hotel Trost für seine Sorgen und Mühen. Eine geschickte Regensburgerin, Barbara Blomberg, betörte durch ihre Anmut und ihren herrlichen Gesang sein Herz so sehr, dass er bei ihr all den Ernst der unruhigen Zeiten vergaß, in denen er lebte. In diesem Hotel führte der König von Preußen Wilhelm I. auch den Vorsitz einer Ministerkonferenz, die die Präliminarien des Vertrags von Gastein[69] festlegte. Gehen wir nun zurück bis zur *Steinernen Brücke*.

ligionsgespräch 1541 stattgefunden hatte. Beide Bauwerke liegen am Haidplatz.

68 Ein resignierter Ausspruch Karls V. (1500 – 1558) auf dem Rückzug nach der gescheiterten Belagerung von Metz 1552. Bei HUGO, A., *Histoire générale de France depuis les temps les plus reculés jusqu'à nos jours*, Paris: H.L. Delloye, 1841, Bd. 4, *Monarchie française*, S. 471 lautet er so: „Je vois bien que la fortune est femme, elle préfère un jeune roy à ‚un vieil empereur'". [„Ich sehe wohl, dass das Glück ein Weib ist, es hat einen jungen König lieber als einen ‚alten Kaiser'"]. Mit dem jungen König war Karls Widersacher in Metz, der knapp

zwanzig Jahre jüngere Heinrich II. von Frankreich (1519 – 1559), gemeint. Die Beilage zu den *Blättern für literarische Unterhaltung*, Nr. 4 vom 8. September 1841, Leipzig, Bd. 2, S. 1020, führen unter „Historische Miscellen" eine abweichende deutsche Fassung dieses Diktums an: „O Glück, nun sehe ich, daß du, wie andere Weiber, dir junge Günstlinge wählest und die alternden verlässest." B. zitiert sinngemäß eher diese Version.

69 Auch Gasteiner Konvention genannt. Die darin 1865 zwischen Preußen und Österreich getroffenen Vereinbarungen regelten nach dem Deutsch-Dänischen Krieg von 1864 die Herr-

792 hatte Karl der Große hier schon eine Schiffsbrücke errichten lassen. Da der Handel rasch zunahm, reichte diese Brücke nicht mehr aus und 1135 begann man den Bau der jetzt vorhandenen Brücke, der 11 Jahre dauerte. Diese Brücke, die als eines der Wunder des Mittelalters betrachtet wurde, ruht auf 16 unterschiedlich breiten Bögen und war zunächst 304,5 Meter lang. Später musste man sie in Folge eines Einsturzes verlängern[70]. Sie war mit drei Türmen bewehrt, von denen noch ein einziger am Brückenanfang existiert. Allerdings musste man ihn wegen der elektrischen Straßenbahn verändern. Dieser Turm wurde 1648 gebaut, um den vorher bestehenden zu ersetzen, der während des Dreißigjährigen Krieges zerstört worden war. Es gab am selben Ufer in der Nähe des ersten einen zweiten Turm. Da er durch die Überschwemmung von 1784 stark beschädigt wurde, musste man ihn abreißen. Der dritte Turm am Ende der Brücke wurde 1809 von den französischen Kanonen zerstört. Auf dieser Brücke durfte keine Maut erhoben werden. In ihrer Mitte steht das *Brückenmännchen*: ein Jüngling sitzt oben auf einer Säule. Mit dem Finger zeigt er auf die Inschrift: *Schur (schau) wil heiss* [frz.: Schau, wie heiß es ist] und auch auf die Donau: 1135 sank der Wasserstand der Donau nämlich auf Grund der Trockenheit beträchtlich, was den Bau der Brücke erleichterte[71]. Es gab besondere, strenge Regelungen für den Verkehr: eine Tafel, auf der eine Hand und eine Axt dargestellt waren, wies die Brückenbenutzer darauf hin, dass sie sich an diese Vorschriften zu halten hatten. Nähern wir uns dem Lager, indem wir der Straße *Unter den Schwibbögen* folgen. Zu unserer Linken bemerken wir einen hübschen Renaissance-Brunnen aus dem Jahre 1610, der 1906 restauriert wurde. Dann den Bischofshof, das bischöfliche Palais, mit der Porta Praetoria, mit zahlreichen Überresten aus dem 14. und 15. Jahrhundert, vor allem mit formvollendeten Fresken im Badezimmer. Das war die Herberge der Kaiser, wenn sie nach *Regensburg* kamen. Heute ist es zum Teil der Wohnsitz der Domgeistlichen. Der andere Teil ist zu einer Brauerei und einem Bauernhof geworden. Immer noch in derselben Straße finden wir, bevor wir am St.-Georgen-Platz ankommen, Niedermünster. In eine Kirche dieses alten Frauenklosters, dessen Bau 950 begann, gingen wir zu Beginn unserer Gefangenschaft immer zur Messe[72]. Das 1803 säkularisierte Kloster ist heute das Bischöfliche Ordinariat.

schaft über die Elbherzogtümer Schleswig, Holstein und Lauenburg.

70 Die Länge der Brücke wird heute mit 308, 70 Metern angegeben. Ursprünglich, insbesondere vor Zusetzen des ersten Brückenbogens auf der Stadtseite durch die Bauten von Salz- und Amberger Salzstadel, war sie 336 m lang. (PAULUS, H.-E., „Steinerne Brücke", in: *Baualtersplan zur Stadtsanierung Regensburg*, Bd. VIII, 1987, S. 37–65 , hier S. 45).

71 Das ist eine Interpretation der in ihrer Aussage schwer verständlichen Inschrift am Sockel des Bruckmandls, die im Gegensatz zu heutigen Versuchen keine Quellen von außen in Ergänzung heranzieht. (vgl. PAULUS, H.-E., „Steinerne Brücke", S. 54–56).

72 Niedermünster war kein Frauenkloster im eigentlichen Sinne, sondern ein adliges Damenstift. Mit der Errichtung der heutigen Niedermünsterkirche (romanische Basilika)

Ratisbonne
Les principaux monuments de la ville (suite)

Nous quittons à regret la cathédrale et la maison de l'évêque. Un peu plus à l'ouest, nous apercevons le vieil hôtel de ville (das alte Rathaus) conservé intégralement dans son aspect moyen âgeux ; c'est un souvenir vivant du passé dans le 20ᵉ siècle. L'illusion est si grande qu'à chaque instant on croit voir sortir le Préfet d'Empire, le fou du prince héritier, les valets en livrée jaune, les gardes en manteaux de soie et, derrière eux, les ambassadeurs placés d'après leur rang. Le portail est vraiment magnifique. Tout rappelle le 13ᵉ siècle dans ce vieil hôtel de ville ; une seule concession a été faite : la cage en barreaux de fer construite en 1529 et qui servit de prison pour les vagabonds nocturnes, pour les "mauvaises femmes" fut enlevée en 1810. Plusieurs salles méritent une mention spéciale : la salle d'empire, la chambre des modèles, la chambre des drapeaux enlevés à l'ennemi, la salle des princes contenant de magnifiques tapis des Gobelins, la voûte des canons, la chambre de torture contenant encore en bon état toutes sortes d'instruments de supplice. Poussons une pointe jusqu'à l'hôtel de la Croix dorée. Ose l'extérieur même, il ressemble assez à un château-fort quelque peu modernisé, demeure agréable en temps de paix, retraite sûre dans les temps troubles. Ce fut d'abord une maison de noble, transformée en hôtel au 16ᵉ, lequel hôtel hébergea depuis de nombreuses têtes couronnées, rois et empereurs. C'est là aussi que Mélanchthon et Eck eurent un entretien célèbre sur la religion. Au moment où la Fortune commence à abandonner Charles-Quint déjà vieilli, alors qu'il disait : "la Fortune est femme, elle préfère les jeunes", il trouvait dans l'amour et dans cet hôtel une consolation à ses soucis et à ses peines. Une adroite Regensbourgeoise, Barbara Blomberg, ensorcela de telle sorte son cœur par sa gracieuse attitude et son tact magnifique qu'il oublia près d'elle tout le sérieux des temps troubles où il vivait. C'est dans cet hôtel encore que le roi de Prusse Guillaume 1ᵉʳ présida une conférence de ministres qui établit les préliminaires du contrat de Gastein. Revenons maintenant sur nos pas jusque vers le pont de pierre (Steinerne Brücke).

En 742, Charlemagne avait déjà fait construire ici un pont de bateaux. Comme le commerce augmentait rapidement, ce pont fut insuffisant et en 1135 on commença la construction du pont actuel, construction qui dura 11 ans considéré comme une des merveilles du moyen-âge, ce pont, reposant sur 16 arcades plus ou moins larges, eut d'abord 300 M. 5 de long ; plus tard, par suite d'éboulements, on dut l'allonger. Il était défendu par 3 tours dont une seule subsiste au commencement du pont ; encore a-t-on dû la modifier à cause du tramway électrique. Cette tour fut construite en 1648 pour remplacer celle qui existait auparavant et qui avait été détruite pendant la guerre de 30 ans. Une 2ᵉ tour existait sur la même rive à proximité de la 1ʳᵉ, très endommagée par l'inondation de 1784, on dut la démolir. La 3ᵉ située à l'issue du pont fut détruite en 1809 par les canons français. Aucun droit ne devait être prélevé sur ce pont. En son milieu, s'élève le Brückmännchen, le petit homme du pont ; un adolescent est assis au sommet d'un pilier : du doigt, il indique l'inscription : schuk (schau) wie heiss, vois comme il fait chaud et aussi le Danube ; en l'année 1135 en effet, les eaux du Danube baissèrent considérablement par suite de la sécheresse, ce qui facilita la construction du pont. Il existait des règlements spéciaux très sévères pour la circulation : un tableau représentant une main et une hache prévenait les passagers qu'ils devaient se conformer à ces prescriptions. — Rapprochons-nous du dépôt, en suivant la rue Unter den Schwibbögen ; nous apercevons à notre gauche un joli puits renaissance datant de 1610, restauré en 1906. Puis le Bischofshof, l'évêché, avec la porte prétorienne avec de nombreux restes des 14ᵉ et 15ᵉ, avec des fresques d'un fini parfait surtout dans la salle des bains ; c'était le lieu de demeure des empereurs quand ils venaient à Regensburg ; aujourd'hui pour une partie, c'est la demeure des ecclésiastiques de la cathédrale, l'autre partie est devenue une brasserie et une ferme. Toujours dans la même rue, avant d'arriver à la place St Georges, nous trouvons Niedermünster

la cathédrale basse ; c'est dans une église de ce vieux couvent de femmes commencé en 950 qu'au début de notre captivité, nous allions à la messe. Ce couvent sécularisé en 1803, est aujourd'hui l'ordinariat. Continuons notre marche en ligne droite par l'Ostengasse (la ruelle de l'est) et nous apercevons l'Ostentor, la porte de l'Est, datant du 13ᵉ et qui défendait la ville du côté de l'est. C'est cette tour que nous apercevons depuis le dépôt et dont l'horloge depuis plus de deux ans nous indique l'heure. À gauche de cette tour, la Villa royale, la Königliche Villa, résidence du roi de Bavière quand il vient à Ratisbonne, ici je n'insiste pas ; car je suis persuadé que vous aurez toujours gravée dans l'esprit la silhouette bizarre de cette construction située juste en face du dépôt. Passons sous la tour de l'est, après 5 minutes de marche nous arrivons à la sucrerie, l'unique de la contrée, pourvue de toutes les installations modernes, usine occupant en temps de paix un très nombreux personnel masculin et féminin. Non loin de là, le double port du Danube construit ces dernières années et qui promet un nouvel essor au commerce et à l'industrie de Ratisbonne. Ce port reçut le nom de Luitpoldhafen en 1910, lors de son ouverture en présence du prince Louis de Bavière. Un peu plus à l'est, les casernes dont j'ai déjà parlé. Celle des chevaux-légers est, paraît-il, une des plus belles et des plus spacieuses casernes de cavalerie d'Allemagne.

(à suivre)   A. Besançenot.

AVIS

Alors ceux qui nous écrivent d'Allemagne et de l'étranger pour nous demander le nombre de nos lecteurs, nous répondons une fois pour toutes que "le Pour et le Contre" est le journal le plus répandu du monde entier. Son tirage s'élève à 10.000.000 d'exemplaires au moins (à quelques zéros près).

Les 100.000 premiers abonnés civils auront droit à un billet de faveur pour une villégiature en Bavière.

On peut s'abonner à tous les bureaux de poste du camp de Regensburg en envoyant un mandat de six marks chaque année. Nous rappelons à nos abonnés en corvée que toute demande de changement d'adresse ou d'abonnement doit être accompagnée d'une signature bien lisible.

Étant donné le format réduit de notre feuille on est prié de s'abstenir autant que possible de nous adresser des vers de plus de douze pieds, la place nous faisant défaut pour les insérer. Éviter l'excès contraire en nous envoyant de petits vers.

Statistique des internés en Suisse. En voici le dernier relevé : Français, 11.823 ; Allemands, 4.322 ; Belges, 1.607 ; Anglais, 1.183 ; Autrichien, 1 ; soit un total de 18.936.

Lundi dernier les deux comités de Cⁱᵉ ont réuni à la Halle III les gros dirigeants du camp (musique, théâtre, cours, peinture, décoration et œuvres d'art, bibliothèque et journal) dans le but de faire un rapport concernant les grandes lignes de ce qui a été fait et les projets et vœux pour l'avenir. Nous espérons que le théâtre et les cours reprendront bientôt et que le Kommandantur fera le nécessaire pour accorder aux prisonniers toutes les distractions indispensables.
                                            D. Tissy

Concert du dimanche 22 octobre 1916

I et III audition intégrale de
L'Arlésienne en deux suites — G. Bizet

II
a. Berceuse (transcrite p. piano) — C. Saint-Saëns
b. Carillon Flamand — Léon Moreau
   Impressions de Midi dans le Nord
c. Polonaise Brillante (op 48 N°1) — F. Chopin
   (a. b. c. Marcel Ferrero)
                                            M. G.

Charade
Pour manger ma première
Mange en masse par de ma dernière
Il faut charmant Alfred
Employer le tout sans faire la lippe
...

Mots en losange
...

Moltkeplatz mit dem Niedermünster
(Sammlung Peter Milić)

Ostengasse
(Sammlung Peter Milić)

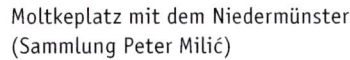

Ostentor
(Sammlung Peter Milić)

Gehen wir geradewegs weiter durch die *Ostengasse* und wir erblicken das *Ostentor* aus dem 13. Jahrhundert, das die Stadt an der Ostseite absicherte. Diesen Turm sehen wir vom Lager aus und seine Uhr zeigt uns seit über zwei Jahren die Zeit an. Links von diesem Turm die *Königliche Villa*, die Residenz des Königs von Bayern, wenn er nach Regensburg kommt – und hier lasse ich es gut sein. Nun bin ich jedoch davon überzeugt, dass sich euch die eigenartigen Umrisse dieses Bauwerks, das genau gegenüber vom Lager steht, für immer tief ins Gedächtnis eingeprägt haben. Gehen wir unter dem Ostturm hindurch. Nach zehn Minuten Fußweg gelangen wir zur *Zuckerfabrik*, die einzige in der Gegend. Sie ist mit allen modernen Anlagen ausgestattet und beschäftigt zu Friedenszeiten sehr viel männliches und weibliches Personal. Nicht weit davon entfernt der doppelte *Donauhafen*, der in den letzten Jahren gebaut wurde und Regensburgs Handel und Industrie einen neuen Aufschwung verspricht. Dieser Hafen erhielt 1910 bei seiner Eröffnung in Anwesenheit des Prinzen Ludwig von Bayern[73] den Namen *Luitpoldhafen*. Etwas

wurde etwa 1152 begonnen. Der von B. angeführte Bau ab 950 bezieht sich auf den Vorgängerbau, eine ottonische Basilika, die von 950 bis 955 entstand. (MADER, F. (bearb.), *Die Kunstdenkmäler der Oberpfalz*, S. 21 – 22).

73 Der spätere und zugleich letzte bayerische König Ludwig III.

weiter östlich die Kasernen, die ich schon erwähnt habe. Die der Chevaulegers soll eine der schönsten und geräumigsten Kavalleriekasernen Deutschlands sein.

(Fortsetzung folgt) A. Besancenot, „Ratisbonne (suite) – Les principaux monuments de la ville", in: *Le Pour et le Contre*, Nr. 15, Sonntag, 22. Oktober 1916, S. 4

II. Die Umgebung von Regensburg

Die Umgebung der Stadt Regensburg ist sehr reich an historischen Erinnerungen und an Sehenswürdigkeiten aller Art. Ich werde euch nur von den zwei erhabensten Denkmälern erzählen, von der *Walhalla* und der *Befreiungshalle*.

Wenn wir die steilen Hänge eines Felsens in der Nähe von Donaustauf, 10 oder 12 Kilometer flussabwärts von der Stadt *Regensburg* entfernt, erklimmen, stehen wir einem Marmortempel gegenüber, der der Form nach den Parthenon von Athen nachahmt. Es ist die Ehrenhalle der deutschen Helden, die Walhalla. Als Deutschland unter den schrecklichen und wiederholten Schlägen Napoleons 1807 unterzugehen schien, hatte der bayerische König Ludwig I. den Einfall, dem unsterblichen Ruhm Deutschlands ein Denkmal zu errichten. Er brachte diese Idee in folgenden Worten zum Ausdruck: „Möchten in dieser sturmbewegten Zeit fest, wie dieses Baues Steine vereinigt sein werden, alle Teutschen zusammenhalten."[74] Das Denkmal wurde erst 1830 begonnen und 1842 fertiggestellt. Es ist ein dorischer Bau mit kannelierten Säulen. Die Fassade weist eine Reihe von 8 Säulen auf, dann nach hinten eine weitere Reihe mit 6 Säulen[75]. Die Giebelgruppe[76] mit 15 Figuren erinnert an die Wiederauferstehung Deutschlands. Man sieht in der Mitte Germania und auf jeder Seite die deutschen Staaten, die als Krieger mit Helm oder als anmutige Frauen

---

74 Es sind Worte Ludwigs I. bei der Grundsteinlegung zur Walhalla am 18. Oktober 1830. Sie sind in der Literatur mit Varianten überliefert. So heißt es in der umfangreichen Geschichte von Johann Nepomuk Sepp zur Bautätigkeit unter Ludwig I.: „In dieser sturmbewegten Zeit lege ich den Grundstein zu diesem Gebäude, im felsenfesten Vertrauen auf die Treue meiner Bayern; mögen so, wie diese Steine sich zusammenfügen, alle Deutschen kräftig zusammenhalten." Und in dem Jubiläumsband zum 100jährigen Bestehen des Königreichs Bayern von Bitterauf, Th.: „Möchten in dieser sturmbewegten Zeit fest, wie dieses Baues Steine vereinigt sein werden, alle Teutschen zusammenhalten". (Sepp, J. N., *Ludwig Augustus, König von Bayern und das Zeitalter der Wiedergeburt der Künste*. München/Regensburg: Manz, ²1903, S. 642 – Bitterauf, Th., *Bayern als Königreich 1806 – 190*. München: Beck, 1906, S. 82). Das zweite Zitat kommt dem französischen Text am nächsten und wurde deshalb hier als Übersetzung verwendet.

75 Die Walhalla zählt insgesamt 46 Säulen.

76 B. spricht hier vom südlichen Giebelfeld.

dargestellt sind. Das bronzene Eingangstor ist kolossal. Jeder seiner Flügel wiegt 42 Zentner. Das Innere ist im ionischen Stil ausgeschmückt. Der Fußboden besteht aus Marmorstücken. Ein Fries stellt die Frühgeschichte Deutschlands zu 8 wichtigen Zeitpunkten dar. An den Seitenwänden befinden sich auf Marmorkonsolen die Büsten von 64 Helden. Unter den letzten, denen diese Ehre zu Teil wurde, sei auf Kaiser Wilhelm I., Bismarck, Moltke und Richard Wagner hingewiesen. Die Gesamthöhe des Denkmals beträgt 55 Meter. Der Tempel allein misst 67 Meter Länge, 31,6 Meter Breite, 19,5 Meter Höhe.

Die *Befreiungshalle* ergänzt sozusagen die *Walhalla*. Auch sie wurde auf Anordnung Ludwigs I., König von Bayern, zu Ehren der deutschen Einigung und zum Gedenken an die Jahre der Befreiungskriege (so bezeichnen die Deutschen die Jahre 1813 bis 1815) gebaut. Demnach wurde sie errichtet, um die deutschen Helden von Leipzig und von Waterloo zu verherrlichen und um die Nachkommen zu ermahnen, stets tätig und wachsam zu sein. Es ist eine gewaltige 59,5 Meter hohe Rotunde mit einem Durchmesser von 69 Metern[77], die von einer 14,5 Meter hohen Kuppel mit einem Durchmesser von 29,6 Metern

---

[77] Die Maße sind mit einer Höhe von 45 m und einem Durchmesser von 30 m anzugeben. (Zwack, U., *Die Befreiungshalle Ludwigs I. Geschichte eines Nationaldenkmals*. Bayern 2, Sendung: 24. Februar 2013. Manuskript der Sendung; S. 7 u. 9 ff.)

Walhalla
(Sammlung Peter Milić)

überwölbt wird. Das Denkmal, das in Deutschland schwerlich seinesgleichen finden dürfte, ist wie die *Walhalla* auf einer Anhöhe errichtet, von der aus man einen sehr weiten Horizont überblickt. Am Eingang liest man über dem bronzenen Tor: „Den Teutschen Befreiungskaempfern, Ludwig I., Koenig von Bayern."[78] Eines der Merkmale dieses Denkmals ist die Wiederholung der Zahl 18, wahrscheinlich zur Erinnerung an den 18. Oktober 1813 (Schlacht bei Leipzig). Wenn wir über die Schwelle treten, sehen wir nämlich 18 Kandelaber[79] aus Kelheimer Marmor, 18 sechs Meter hohe kolossale Siegesgöttinnen aus weißem Marmor[80], die die 18 deutschen Volksstämme verkörpern, 17 Schilde (einer wurde wegen des Eingangstors, das Namen von Gefechten und Schlachten trägt, weggelassen). 18 weiße Marmortafeln, in die die Namen der berühmten Generäle gemeißelt sind. 18 Namen von eroberten Festungen. 34 Genien[81] stützen eine Hand auf die mit deutschem Blut erkauften Schilde

78 Zu ergänzen wäre hier noch die Jahresangabe: MDCCCLXIII (1863), womit das Jahr der Fertigstellung gemeint ist.
79 Diese stehen auf den 18 Ecken des Fundamentunterbaus; sie sind außen um die Befreiungshalle herum angeordnet.
80 Auch diese 18 Allegorien befinden sich außen auf den Pfeilervorsprüngen des Denkmals.
81 34 geflügelte Gestalten – man könnte sie als Genien, aber auch als Siegesgöttinnen ansprechen – reichen sich im oberen Bereich der Rotunde die Hände. Die Schilde sind den 18 mächtigen Viktorien zuzuordnen.

(diese Schilde wurden tatsächlich aus der Bronze der in den Schlachten erbeuteten französischen Kanonen gegossen), die andere Hand dieser 34 Genien schwört einen unauflöslichen Bund und der von ihnen geleistete Schwur unterstreicht noch die Inschrift. „*Seid einig, einig, einig.*" Um die ganze Halle mit Licht zu erfüllen, gibt es eine 7,6 Meter breite und 5,8 Meter hohe verglaste Scheitelöffnung. Von der Außengalerie bietet sich ein herrlicher Blick. Bei klarem Wetter kann man von ihr aus die mit Schnee gekrönten Alpengipfel sehen.

Fasst man es zusammen, ist Regensburg eine sehr alte Stadt, da sie schon zur Römerzeit bestand. Sie entwickelte sich zur Zeit Karls des Großen recht gedeihlich, erlebte ihren Höhepunkt im Mittelalter als sie Freie Reichsstadt war, wurde im 14. und 15. Jahrhundert durch die Handelskonkurrenz Venedigs und Genuas, dann im 16. und 17. Jahrhundert durch ständige Kriege ruiniert, hat besonders aus dem Mittelalter eine große Anzahl von historischen Erinnerungen, Kunstdenkmälern und Sehenswürdigkeiten aller Art bewahrt, die in Friedenszeiten eine Menge Touristen und Neugierige anziehen. Sie bekam 1809 von Napoleon Besuch, wurde von ihm 1810 an Bayern angeschlossen und versucht seither, ihr ehemaliges Ansehen wieder zu erlangen, was ihr aber bisher nur recht unvollkommen gelungen ist.

(Ende) A. Besancenot, „Les environs de Ratisbonne", in: *Le Pour et le Contre*, Nr. 16, Sonntag, 29. Oktober 1916, S. 4

Teil 2:
Theater und Musik im Kriegsgefangenenlager Regensburg während des Ersten Weltkriegs

Die Affäre Rue de Lourcine von Eugène Labiche und ausgewählte Musikstücke

Ursprünglich veröffentlicht in:
Kleine Schriften der Staatlichen Bibliothek Regensburg, Band 6

Begleitpublikation zur Theateraufführung *Die Affäre Rue de Lourcine* von Eugène Labiche und zum Konzert am 17. Juni 2016 in Regensburg

Unser Dank für Recherchen und das Besorgen von Quellenmaterial, insbesondere auch Fotographien, gilt Dominik Bohmann, Institut für Romanistik, Universität Regensburg.
Wir danken für Szenenfotos der Aufführung der *Affäre Rue de Lourcine* 2016 Anika Kühl, *Akademie für Darstellende Kunst Bayern – Private Fachakademie für Schauspiel, Regie und Theaterpädagogik*.

Vorwort

Dass in Regensburg ein Kriegsgefangenenlager während des Ersten Weltkriegs bestand, bildet ein bislang kaum beachtetes Kapitel der Regensburger Stadtgeschichte. Im Oktober 1918, also kurz vor Ende des Krieges, lebten darin immerhin ca. 4.700 Gefangene, darunter mehr als 3.200 Franzosen. Mit dieser Belegung zählte Regensburg zu den kleineren Lagern im Deutschen Reich. Dennoch oder gerade deshalb, in jedem Fall aus der eigenen Initiative der Internierten heraus, entfaltete sich dort ein reges kulturelles Leben: Die Kriegsgefangenen gaben eine Zeitung heraus, *Le Pour et le Contre*, sie spielten Theater, sie schrieben und dichteten, sie musizierten und sangen, sie trieben Sport. Es gab eine bemerkenswerte Lagerkultur in Regensburg, deren Vielfalt, aber auch Ambivalenzen im Rückblick sichtbar werden.

Vom 16.-18. Juni 2016 findet in Regensburg im Auditorium des Thon-Dittmer-Palais ein dreitägiges internationales Symposium unter dem Titel „Das Regensburger Lager im Kontext der deutsch-französischen Beziehungen" statt. Am Abend des 17. Juni kommen zudem ein Theaterstück sowie Musik aus dem Kriegsgefangenenlager – 100 Jahre nach ihrer Vorstellung im Kriegsgefangenenlager Regensburg – erneut zur Aufführung. Tagung und die Aufführungen sind ein Gemeinschaftsprojekt der *Staatlichen Bibliothek Regensburg* und des Lehrstuhls für Französische und Italienische Literaturwissenschaft der Universität Regensburg in Kooperation mit der Stadt Regensburg. Für die Theateraufführung konnten wir die *Akademie für Darstellende Kunst Bayern* gewinnen, die Komödie *Die Affäre Rue de Lourcine* auf die Bühne zu bringen. Für Musik aus dem Kriegsgefangenenlager zeichnet die *Hochschule für katholische Kirchenmusik und Musikpädagogik Regensburg* verantwortlich. Wir danken allen Beteiligten herzlich für ihre Bereitschaft, das kulturelle Leben der französischen Kriegsgefangenen in Regensburg nach 100 Jahren neu zum Leben zu erwecken.

Die in Regensburg internierten Soldaten der französischen Armee kamen beinahe aus jeder Gegend Frankreichs, aus dem Hérault im Süden ebenso wie aus der Bretagne, aus Paris, aus der Dordogne oder aus Lothringen. Es ist sehr schwer, etwas über ihre innere Haltung, ihre Verfassung und Nöte, ihr Miteinander und die spezifischen Formen des Erlebens der Kriegsgefangenschaft in Regensburg und in den Außenkommandos in Erfahrung zu bringen. Sicher ist jedoch, dass im Kriegsgefangenenlager Regensburg versucht wurde, mithilfe kultureller, religiöser und sportlicher Aktivitäten – die wir auch alle unter dem Begriff „kulturell" zusammenfassen können –, der Einsamkeit, dem Heimweh, der Abhängigkeit von der feindlichen Macht etwas entgegenzusetzen.

Monotonie, Tatenlosigkeit, Aufenthalt in der Fremde, Verlust von Autonomie und Selbstbestimmung, räumliche Enge, menschliche Enge, fremde Ernährung, Feindseligkeiten zwischen den Gefangenen, das Gefühl der Nutzlosigkeit … all das führte, vor allem über die Jahre hinweg, zu Depressionen, zur im Deutschen so genannten Stacheldrahtkrankheit, im Französischen zum *Cafard*, im wörtlichen Sinne „Käfer", im übertragenen Sinne einem ausweichenden Begriff für Melancholie. Im Feindesland zu sein, dessen Sprache man nicht verstand, dessen Gebräuche einem fremd waren, in einer Situation, in der nicht einschätzbar war, ob die Statuten der Haager Konvention tatsächlich eingehalten wurden, musste außerordentlich bedrückend sein, zumal – und daher rührt die Bezeichnung des Forschungsprojekts – lange nicht klar war, wann wieder Friedenszeiten anbrechen könnten. Mindestens drei Jahre lang befand man sich „mitten im Krieg", ohne zu wissen, wann dieser ein Ende finden würde.

Die Zeitung *Le Pour et le Contre*, die von Juli 1916 bis Anfang April 1917 erschien, hatte in dieser Situation mehrere Aufgaben: Ein Großteil der Artikel diente der konkreten Information zum Kriegsgeschehen, zu Verlegungen der Kriegsgefangenen, zu Krankheiten und zum Ableben von Armeeangehörigen oder weiteren Personen, auch in Frankreich, zur Post- und Briefkommunikation, zu den Rechten der Gefangenen und den Besuchen des *Internationalen Roten Kreuzes*. Ein weiterer Teil diente der Bildung, auch Meinungsbildung, z. B. in den Debatten rund um aktuelle Themen, die der Zeitung den Namen *Le Pour et le Contre*, *Das Für und das Wider*, gaben, sowie der Unterhaltung. Hinzu kamen die Informationen direkt zu den Aktivitäten im Lager und außerhalb desselben, den Messen, dem Verleihen von Büchern, den sportlichen Ereignissen, den Konzerten und musikalischen Aufführungen, dem Theater. Es wird auf kommende Aufführungen aufmerksam gemacht und werden darüber hinaus längere Artikel zu Musik und Theater publiziert.

Dass im Regensburger Kriegsgefangenenlager Theateraufführungen stattfanden, ja ein eigener Theaterraum eingerichtet wurde, war als solches keine Ausnahme. Von Interesse ist die Funktion des Theaters unter den gegebenen Bedingungen: Das Schauspiel im Lager diente der Selbstbetätigung und Selbstbestätigung.

Theaterstücke sind „erfundene Realitäten" – es öffnete sich hier der Raum der Kunst. Theater bot unvermittelt die Möglichkeit, ins französische Kulturerbe einzutauchen, es festzuhalten und wiederzubeleben, sich an der französischen Sprache in ihren hohen und ausgefeilten Formen zu erfreuen und typische Konfliktkonstellationen der Heimat wiederzuerkennen. Die Soldaten, so unterschiedlich ihre regionale Herkunft auch war, konnten dadurch gemeinsam an die Werte und Gewohnheiten der Heimat anknüpfen, an die *civilisation* Frankreichs, an die Sprache, an ihre Reime und Zweideutigkeiten – für die Französisch sich besonders eignet –, an ihre Witze, ihre Art, Scherze einzubetten, ihre Auffassung vom Verhältnis zwischen Frau und Mann, die nicht ganz dieselbe gewesen sein mochte wie jene in Deutschland.

Im Kriegsgefangenenlager Regensburg wurden besonders gerne Boulevard-Stücke und das ältere Vaudeville-Theater aufgeführt, d.h. lustige Stücke, die allerdings nicht zwingend ohne Tiefgang sind. Ganz im Gegenteil hat man sogar den Eindruck, dass bestimmte Bühnenwerke in der Gefangenschaft neue Dimensionen des Sinns annehmen, zum Beispiel dann, wenn von Gerechtigkeit oder von Abhängigkeit die Rede ist. So verband sich das Ziel, eine innere „Aus-Zeit" von der Gefangenschaft zu nehmen, mit jenem, sich indirekt mit vielem auseinanderzusetzen, was über den Moment des Lachens hinaus von Bedeutung war.

Das war auch der tiefere Beweggrund, Musik im Lager aufzuführen.

Die Staatliche Bibliothek Regensburg ist zusammen mit der Zeitung *Le Pour et le Contre* auch im Besitz eines Konvoluts aus Rechnungen und Einzelkarten, Konzert- und Theaterprogrammen, die von den französischen Gefangenen angefertigt wurden und Aufschluss über die musikalischen Aufführungen geben (Zeitpunkt, Ort, beteiligte Personen, Kombination mit Rezitationen und Musik). Die optische Vielfalt und gestalterische Qualität der Konzert- und Theatereinladungen, die jeweils über das Programm informieren, ist imponierend. Ferner erlauben überhaupt erst Annoncen und kurze Besprechungen in *Le Pour et le Contre* sowie die Programmkarten Rückschlüsse auf die gespielte Musik im Lager. Es waren vor allem Instrumentalmusik, Orchester- und Solostücke, aber auch Gesang, die hier zur Aufführung kamen. Opern, besonders Ouvertüren, Kammermusik, einfachere Stücke wie Suiten und Airs, auch Sinfonien und Militärmusik, Walzer, Tangos, Chansons und Volkslieder wurden gespielt. Französischen Komponisten kam ein besonderer Rang zu, etwa Georges Bizet, Jules Massenet, Charles Gounod, Rodolphe Berger und Claude Debussy.

Wir freuen uns sehr, dass es uns in dieser Kooperation gelungen ist, nicht nur die wissenschaftlichen Grundlagen mittels des Symposiums „Das Regensburger

Lager im Kontext der deutsch-französischen Beziehungen" sowie der Beiträge zu den Hintergründen in dieser Publikation vorzulegen, wofür wir allen Beteiligten, ganz besonders den Autoren der Artikel in diesem Heft herzlich danken. Die Aufführungen am Abend des 17. Juni 2016 durch die Akteure der *Akademie für Darstellende Kunst Bayern* sowie die *Hochschule für Katholische Kirchenmusik und Musikpädagogik* sind in besonderer Weise geeignet, wenigstens einen Hauch des Gefühls zu vermitteln, das die französischen Kriegsgefangenen vor einem Jahrhundert bei ähnlichen Veranstaltungen erlebt haben, auch wenn die Rahmenbedingungen heute – Gott-sei-Dank – gänzlich andere sind. Wir danken allen Beteiligten an dieser Stelle nochmals sehr herzlich!

Bernhard Lübbers und Isabella von Treskow, im Mai 2016

Café-concert und „Karfreitagszauber".
Musik im Regensburger Kriegsgefangenenlager

Susanne Fontaine, Universität der Künste Berlin

Unter der Leitung des späteren Organisten und Komponisten Marcel Gennaro spielten Gefangene im Regensburger Lager regelmäßig Musik. Ton- und Bildquellen existieren nicht, wohl aber die Annoncen und die Besprechungen der Konzerte in der Lagerzeitung *Le Pour et le Contre*. Der Blick auf das musikalische Repertoire zeigt drei Besonderheiten der Musik im Regensburger Kriegsgefangenenlager. In den Programmen erscheint zum einen auffällig viel „deutsche" Musik, etwa Wolfgang Amadeus Mozarts „Jupiter"-Sinfonie, Franz Schuberts „Unvollendete" oder der „Karfreitagszauber" aus Richard Wagners *Parsifal*, Ludwig van Beethovens „Kreutzer-Sonate" oder Robert Schumanns Klavierlied „Die beiden Grenadiere" auf ein Gedicht von Heinrich Heine. Das ist insofern erstaunlich, als das Aufführen von Musik des Kriegsgegners eigentlich tabu war.[1] Zum anderen wundert man sich über die vielen Komponistennamen und Werktitel, die heute vollkommen unbekannt sind, zumal einem deutschen Musikpublikum. Viele dieser Stücke waren zu Beginn des zwanzigsten Jahrhunderts bekannt, sind aber heute weitgehend vergessen. Ein Beispiel für solche Stücke ist Aimé Maillarts Opéra-comique *Les Dragons de Villars* (dt. *Das Glöckchen des Eremiten*). Das 1856 uraufgeführte Stück war vor dem Ersten Weltkrieg international ein Erfolg; es wurde sogar in New Orleans (1859) und New York (1868) gegeben. Heute ist das Werk vergessen. Eine Gesamtaufnahme auf Tonträgern gibt es nicht; lediglich einzelne Arien geistern als Einzelstücke durch Anthologien für Sänger. Im Regens-

---

[1] Zum Umgang mit „deutscher" Musik in Frankreich während des Krieges vgl. Susanne Fontaine, Musik im Kriegsgefangenenlager Regensburg 1916–1917. Ästhetik und Politik, in: Kriegsgefangenschaft 1914–1919. Kollektive Erfahrung, kulturelles Leben, Regensburger Realität, hrsg. v. Bernhard Lübbers und Isabella von Treskow, Regensburg 2019 (= Kulturgeschichtliche Forschungen zu Gefangenschaft und Internierung im Ersten Weltkrieg, Bd. 2), S. 114.

Französische Kriegsgefangene, Lager Regensburg
(Sammlung Fred Wiegand)

burger Kontext war die Aufführung von Auszügen gerade aus dieser Oper am 9. Januar 1916 besonders passend, handelt sie doch von Verwicklungen, die die Einquartierung von Militär in einem Dorf auslöst. Zu den heute nicht mehr bekannten Stücken zählt auch die *Suite Alsacienne* von Jules Massenet, in Regensburg aufgeführt am 25. Juni 1916. Das Orchesterstück aus dem Jahr 1881 reagiert eindeutig auf die französische Kriegsniederlage 1871 und den Verlust des Elsass, indem der Komponist Rückzugssignale und Militärmusik in den letzten Satz integriert.

Eine dritte, heute ebenfalls weitgehend unbekannte Gruppe von Stücken aus dem Repertoire des Regensburger Lager-Ensembles führt uns in die Gefilde der Unterhaltungsmusik, genauer gesagt: zu der Veranstaltungsform des Café-Concert. Ihre Blütezeit erlebte diese spezielle Mischung aus Musik, Tanz und Textdarbietung, Kabarett und Tierdressur vor 1914. Kostüme und Dekoration waren wichtig,

Auszug aus der *Chronique musicale*, einem Artikel des Lagerorchesterleiters Marcel Gennaro, gefolgt von einer Konzertbesprechung und einer Programmankündigung
(Staatliche Bibliothek Regensburg, Signatur: IM/4Rat.civ.369)

et Mirande fait un excellent « arrière ».

Les Blancs. La ligne d'avants nettement inférieure à celle des adversaires à tous points de vue. Incapable d'effectuer des attaques dangereuses, elle aurait pu, il nous semble, montrer dans la défensive un peu moins de découragement et de nonchalance. A part Laborde qui se prodigue, et Berlinot dont l'ardeur devrait parfois se surveiller, les autres furent très médiocres.

Des deux derniers nous ne dirons que peu de choses. Borgnetat s'est acquitté consciencieusement de sa tâche. Versailles : vieux joueur qui connaît des « ficelles »!… mais ses « ficelles » finissent par se casser. Discerne avec une lumineuse rapidité les fautes de ses adversaires et semble toujours ignorer celles qui se commettent chez lui. Devient, aux heures malheureuses, un irascible bavard qu'un arbitre consciencieux sait rappeler à l'ordre.

Au demeurant un charmant garçon et un vaguemestre ponctuel et zélé.

La ligne des "trois-quarts" par suite vraisemblablement de l'absence de Pérault, fut très flottante dans l'attaque, incertaine dans la défensive. Gauzès joua sans entrain et sans goût. Harriet avait l'allure d'un homme qui se sent abandonné… Herbin médiocre parce que nouveau, deviendra sans aucun doute un excellent arrière.

Georges Petit

Dimanche 30 Juillet 1916
à l'heure habituelle
Match de Football Association

Chronique Musicale

Qu'est-ce que la musique ?

Que nous sommes loin du temps où vos pères définissaient la musique « l'art d'être agréable à vos oreilles » !

Cette définition vaudrait, à l'heure actuelle, à peu près celle-ci : les chanteurs sont des gens dont la mission est d'être agréable à notre palais. Pauvre Beethoven, pauvre Berlioz, pauvre César Franck, que vous seriez à plaindre dans vos tombes si les oreilles de nos contemporains étaient exclusivement des instruments de plaisir physique au même titre que le goût ou l'odorat. Car c'est bien ainsi que le comprenaient nos pères. Ils allaient entendre une opérette après le repas, pour faire leur digestion, comme ils auraient pris un verre de chartreuse et fumé un cigare. Le spectacle terminé, il ne leur restait qu'une sensation de bien-être, vite envolée en fumée. Mais rien de sérieux, rien de profond qui parle à l'âme ou à l'esprit. Vous me direz : « Mais c'est parfait, c'est tout ce que nous demandons à la musique ; il suffit qu'elle nous fasse passer un bon moment, qu'elle nous distraie de nos occupations journalières et ce, en compagnie de jolies danseuses qui flattent l'œil au milieu d'étincelles et lumières. » Évidemment. Dans ce cas, allez voir la « Dame Blanche » et compagnie et toutes les vieilles opérettes et opéras bouffes du répertoire français ou viennois.

Mais si vous avez des aspirations plus hautes que celles de contempler les jambes des danseuses, si vous ressentez des joies et des peines profondes, si vous avez des déceptions, des amertumes, des doutes sur l'infini, si vous possédez l'amour du Beau, si les grands spectacles de la nature vous émerveillent, si l'Humanité vous dégoûte et que vous l'aimiez malgré tout, si vous avez le culte de la Patrie et que les évènements actuels vous découvrent en plus profond de vous-même… alors faites appel à une autre musique,

à une musique qui répondra aux besoins de votre âme et lui procurera un baume adoucissant…

Cette musique s'appelle "La Musique" sa définition ? l'art de parler à l'âme ou mieux, c'est l'art d'exprimer les sentiments ressentis par l'âme ou autrement dit « les états d'âme ».

La poésie, on l'a dit souvent, s'arrête là où commence la musique. C'est-à-dire qu'il faut à la première des mots, donc des idées générales pour l'exprimer. Elle agit, en cela indirectement sur notre imagination et par réflexes sur notre sensibilité. Au contraire, la musique, par des vibrations, agit directement sur notre « subconscient » comme dirait Esclaffe, sur cette partie inconsciente de notre âme qui est le réservoir d'énergie et d'action de l'homme. (à suivre)

M. Gennara.

Compte-rendu de la partie musicale
du 23 Juillet 1916.

Bonne exécution d'ensemble de la fantaisie sur Werther ; beaucoup de cohésion. Un seul petit desideratum : encore plus d'accentuation dans les nuances collectives, en suivant davantage les indications de la direction. En tout cas, l'orchestre a fait là un nouvel et louable effort. Les solistes ont été parfaits. La clarinette s'est surpassée dans le solo du « clair de lune » et vous eûtes tous l'illusion du vibrato de la corde ; le violon solo est venu ajouter des palpitations dans le registre suraigu avec une suavité parfaite. Grand saxo trombone, pistons, cors, basson solo, nous ne lui ferons qu'un reproche, c'est de n'avoir pas quatre bouches afin de pouvoir nous jouer de ces quatre instruments à la fois.

Chabé et Heleux méritent tous deux de plus en plus les encouragements du public. On voit que Massenet, je ne vous ai pas encore parlé de son style, est un auteur qu'ils comprennent bien. Rien à dire pour le menuet de Manon, si ce n'est qu'il nous faudrait le double de cordes.

M. G

Compte-rendu de la partie concert.

Le concert de dimanche nous a fourni l'occasion de retrouver, sous un physique inattendu, notre camarade Thévenot qui n'a pas hésité à sacrifier à l'art le plus bel ornement de son visage. Séricolas dont l'attitude impeccable affirmait la bonne maison d'où il sortait a, en commençant sa chanson par le second couplet, le faire goûter une deuxième fois à un public bénévole. Fournier, qui paraissait pour la première fois, a obtenu un succès mérité. Sa voix, un peu frêle mais très justement nuancée conviendra à nos vieilles chansons françaises. Oserions-nous lui demander d'éviter les fâcheuses inflexions de voix à la fin de chaque phrase musicale ? Son style y gagnerait beaucoup.

Béguel, Riallot, Delfino, ont retrouvé auprès de leur public l'accueil sympathique habituel. Riallot nous pardonnera de estimer un peu usé le procédé du souffleur.

Mlle Aïcha-Montel accompagnée de son nègre Nijinski-Bar'din, a transporté notre imagination spleenétique au pays du soleil, par ses danses mauresques.

Félicitations aux deux guitaristes de l'Estudiantina qui se sont joints à leurs camarades de l'orchestre. Un bon point à notre ami Garnesson pour ses jeux de lumière tout à fait réussis, et à Brizon pour sa très très couleur locale.

La rapidité avec laquelle les programmes ont été enlevés, malgré leur prix, montre assez le succès qu'on remporté Machin et Marto pour leur spirituelle composition. — Personne-Pierret.

… Estudiantina …

Programme : Christophe Colomb (marche) Petit Castillanne (valse espagnole) Le Rouet de la Reine (menuet) Rivière de diamant (schottisch) Valse du Cafard ? (inédit) Mariette (polka-marche)

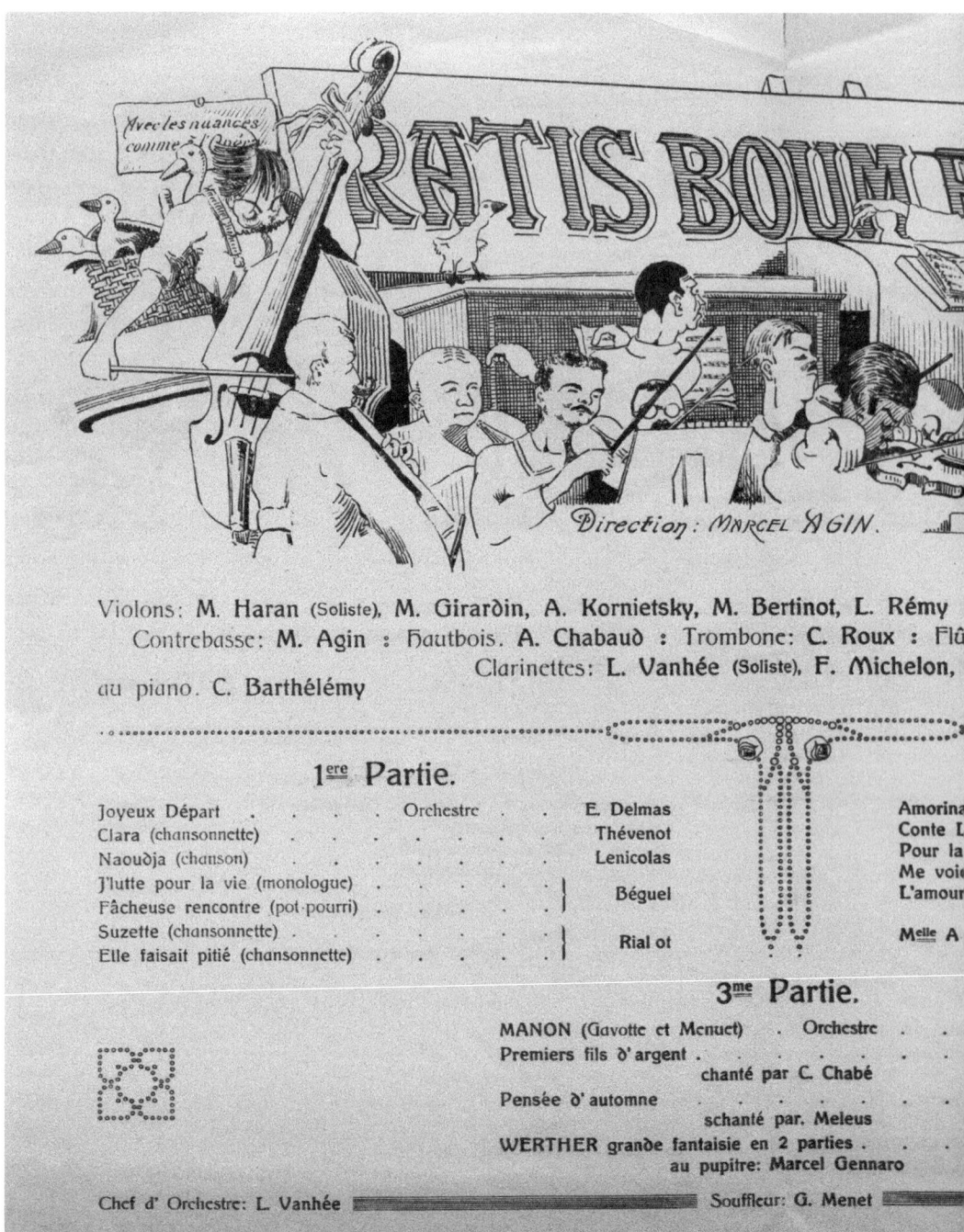

Programmkarte mit einer Zeichnung des Orchesters
(Staatliche Bibliothek Regensburg, Signatur: IM/4Rat.civ.368)

ebenso eine erotisierte Atmosphäre, die vor allem durch Showtänze erzeugt wurde, bei denen die Tänzerinnen ihre Beine zeigten. Zur Attraktion des Café-Concert trug bei, dass während der Darbietungen gegessen, getrunken und geraucht werden durfte. Zwar sind die Aufführungen von einst nicht dokumentiert. In Bildern von Henri de Toulouse-Lautrec oder Edgar Degas ist diese untergegangene Welt jedoch heute durchaus präsent, ebenso durch die Plakate, die für damalige Stars wie Aristide Bruant oder Yvette Guilbert und für bis heute berühmte Veranstaltungsorte wie das Pariser *Olympia* werben. Auch das *Bataclan*, im Herbst 2015 zu trauriger Berühmtheit gekommen, zählt zu diesen Orten. Wenn in Regensburg Musik von Xavier Privas, Bathilde Moos oder Gabriel Allier erklang, entstand die Möglichkeit, sich – wenngleich nur für kurze Zeit – in diese eigene, französische Welt aus der Friedenszeit vor 1914 hineinzuträumen.

Weder die „klassische" Musik noch die Stücke für das Café-Concert konnten in Regensburg umstandslos aufgeführt werden. Das Ensemble bestand 1916 aus fünf Geigen, einer Bratsche, einem Cello, einem Kontrabass, drei Flöten, einer Oboe und einer Posaune. Der Streicherapparat ist viel zu klein, selbst für ein Kammerorchester; es fehlen bei den Holz- wie bei Blechbläsern ganze Instrumentengruppen zu einer spielfähigen Besetzung. Für das Repertoire des Café-Concert wären nicht

Karikatur von Marcel Gennaro (Orchesterleitung) in *Le Pour et le Contre*
(Staatliche Bibliothek Regensburg, Signatur: IM/4Rat.civ.369)

mehr, aber andere Instrumente erforderlich gewesen. Die charakteristischen Instrumente Kornett, Akkordeon, Klavier und Gitarre fehlen in Regensburg. Alle Stücke mussten also für die vorhandene Besetzung eingerichtet werden. Fehlende Instrumente übernahm das Klavier. Diese sogenannte „Klavierdirektion" verleiht jeder Musik den Charakter von Kaffeehausmusik. Durch die Bearbeitung fand in Regensburg eine klangliche Amalgamierung von Kunst- und Unterhaltungsmusik statt. Für die Bearbeitung und Einstudierung der Musik in Regensburg, aber auch für die Programmgestaltung war vor allem Marcel Gennaro zuständig. Offenbar war er nicht nur ein guter Musiker, der sein Handwerk verstand, sondern auch ein kluger Konzertdramaturg, denn die Regensburger Programme waren keineswegs Zufallsprodukte eines nicht-professionellen Ensembles und keine harmlosen Vergnügungsaktionen. Vielmehr verhandeln sie innerhalb der Musik die Frage nach der eigenen französischen kulturellen Identität unter den Bedingungen der Kriegsgefangenschaft in Deutschland.

Ein Modell des Vaudeville-Boulevardtheaters: *L'Affaire de la rue de Lourcine* von Eugène Labiche

Wolfgang Asholt, Humboldt-Universität zu Berlin

Die *Affäre Rue de Lourcine* erlebt ihre Uraufführung im (heute noch aktiven) Vaudeville-Theater des *Palais Royal* des Jahres 1857, einem Ausnahmejahr der französischen Literatur des 19. Jahrhunderts. Denn 1857 erscheinen in zwei anderen Gattungen „Jahrhundertwerke", die mit „Affären" verbunden sind: Baudelaires *Fleurs du Mal* und Flauberts *Madame Bovary*. Beiden wird ein Immoralismus-Prozess gemacht, wobei Gustave Flaubert mit seinem Roman dank des geschickten Plädoyers seines Verteidigers freigesprochen, Charles Baudelaire jedoch zu einer Geldstrafe verurteilt wird, einige seiner Gedichte werden verboten. Beiden Werken wird der Prozess gemacht, weil sie die „öffentliche Moral" infrage stellen, zugleich bilden sie aber auch Modelle für die literarische Modernisierung.

Labiches *Affäre* steht gewiss nicht für die literarische Moderne und insofern ist sie repräsentativ für die unterschiedliche Gattungsentwicklung von Theater, Dichtung und Prosa, aber sie stellt die bürgerliche Moral im Rahmen der Gattungsmöglichkeiten infrage. Im Stück geht es um eine „Affäre", die am Ende keine „Affäre" ist. Damit repräsentiert Labiches Stück modellhaft ein Vaudeville-Theater(stück), das in idealer Weise der Publikumserwartung entspricht. Im 18. Jahrhundert beginnt das Vaudeville als eine Kombination von Couplets und Dialogen seinen Siegeszug auf den volkstümlichen Bühnen (théâtre de la foire), 1792 wird ein gleichnamiges Theater gegründet, auf dem exklusiv solche Stücke aufgeführt werden. Gerade während der Revolution und der napoleonischen Ära hat das Vaudeville angesichts der revolutionären (Terreur) und der militärischen Schrecken eine entlastende Funktion, die es auch während der Restauration und der Juli-Monarchie behält.

Eugène Scribe (1791–1861) wird zum dominierenden Vaudeville-Autor dieser Epoche, er entwickelt das Theaterschreiben zu einem Kunsthandwerk. Zum einen

Titelseite der Programmkarte vom 8. und 9. Januar 1916
(Staatliche Bibliothek Regensburg, Signatur: IM/4Rat.civ.368)

mit der „pièce bien faite", also einer perfekt aufgebauten Handlung mit zahlreichen Quiproquos und einer das Stück überraschend und harmonisch abschließenden „scène à faire". Zum anderen durch die Mitarbeit zahlreicher „nègres", also „Sklaven", so etwas wie Ghost-Writer, die für Ideen, Dokumentationen und die Vorarbeit bei Dialogen, Szenen und Akten zuständig sind: der Meister gibt dem Ganzen die endgültige Form. So gelingt es ihm, von 1815 bis 1860 nicht weniger als 425 Stücke zu schreiben. In Deutschland ist er vor allem durch *Ein Glas Wasser*, mit zahlreichen Hörspielfassungen, und den Film (1960, Regie Helmut Käutner) mit Liselotte Pulver, Hilde Krahl und Gustav Gründgens, bekannt.

Eugène Labiche (1815–1888) entwickelt dieses System weiter. Zwischen 1837 und 1877 schreibt er zwar „nur" 175 Vaudevilles und Komödien, doch obwohl er ein durch seine Heirat (und seine Stücke) reich gewordener, politisch konservativer bis reaktionärer Großbürger (und Schlossbesitzer) ist, macht er sich in seinen Stücken über die Bourgeoisie lustig. Das gelingt vor allem mit der konventionellen Sprache und ihrer banalen Preziosität, die manchmal das absurde Theater vorwegnimmt. Es gilt aber auch für die moralischen und sozialen Tabus, die zwar nie wie bei Baudelaire oder Flaubert in ihrer stereotypen Banalität entlarvt werden, die Labiche jedoch in zahlreichen Szenen an ihre Grenzen führt. Er entwickelt Handlungen, die immer wieder für neue Überraschungen sorgen und es dem bürgerlichen Publikum gestatten, sich wiederzuerkennen und für die Dauer des Stückes über sich selbst zu lachen. Aus Rücksicht auf das Publikum wird dessen Erwartungshorizont an seine Grenzen geführt, aber nie überschritten. Insofern haben Labiches Vaudevilles eine ideologisch stabilisierende Funktion zu einer Zeit, in der mit der Revolution von 1848 die soziale Frage zwar gestellt, aber durch den „18. Brumaire des Louis Bonaparte" (Karl Marx), d.h. den Staatsstreich Napoleons III., den Labiche begrüßt, fürs Erste vertagt wird. Labiche hat im Zweiten Kaiserreich seine größten Erfolge.

Die *Affaire de la rue de Lourcine*, zwei Jahre nach der ersten Pariser Weltausstellung uraufgeführt, entsteht während des Höhepunkts der wirtschaftlichen, politischen und kulturellen Machtentfaltung des Zweiten Kaiserreiches. Mit dem sich entwickelnden Eisenbahnwesen entsteht ein Paris-Tourismus wohlhabender Bürger aus ganz Europa, und neben Opern und vor allem Operetten (Jacques Offenbach) gehören Vaudeville-Besuche zum Pflichtprogramm. Französisch ist zu dieser Zeit die Sprache der Aristokratie und die Bourgeoisie versucht, ihrem Beispiel zu folgen. Nach der „Fête impériale" des triumphierenden Kaiserreiches erlebt das Vaudeville mit Georges Feydeau (1862–1921) um die Jahrhundertwende einen letzten Höhepunkt der Gattungsentwicklung. Mit ähnlichen Themen wie Eugène Labiche steigert Feydeau die *pièce bien faite* zur teilweise absurden Perfektion, man

"RATIS - BOUFFES" — Samedi 8 Janvier 1916
DIRECTION : Lasternas.   -à 7Hres 15-
(ENTRÉE GRATUITE)
"ALFRED de MUSSET"
Conférence par Pierre Ribain, avec auditions de poésies et [...]
et de "Rappelle-toi" (musique de Mozart), "La Chanson de Fortunio[...]

DIMANCHE 9 JANVIER [...]
(Prix Ordinaires)

I

Ouverture de Cavalerie légère (Suppé) .... Orchestre.

LA GRAMMAIRE
(Comédie en 1 acte de Labiche)

François Caboussat .... Riallot.
Poitrinas .... Montel.
Machut .... Beaujard.
Jean .... Giraudeau.

Blanche .... Mlle V. Prévost.

Ratis-Bouffes Marche (C. Barthélemy) .... Orchestre.

II

Les Dragons de Villars (A. Maillart) 1ère partie .... Orchestre.

IL NE FAUT JURER DE RIEN
(acte 1)
(Comédie d'Alfred de Musset)

Van Buck .... Montel.
Valentin .... Berlin.

Décors et Accessoires de : Lefebure, Mei[...]
Costumes de la Maison Doucet. PARIS. Chapeaux de la Maison M[...]
Perruques de Charron et Gitton. — Electrici[...]

Programmkarte vom 8. und 9. Januar 1916 mit der Ankündigung des Stückes *L'Affaire de la rue de Lourcine* (Staatliche Bibliothek Regensburg, Signatur: IM/4Rat.civ.368)

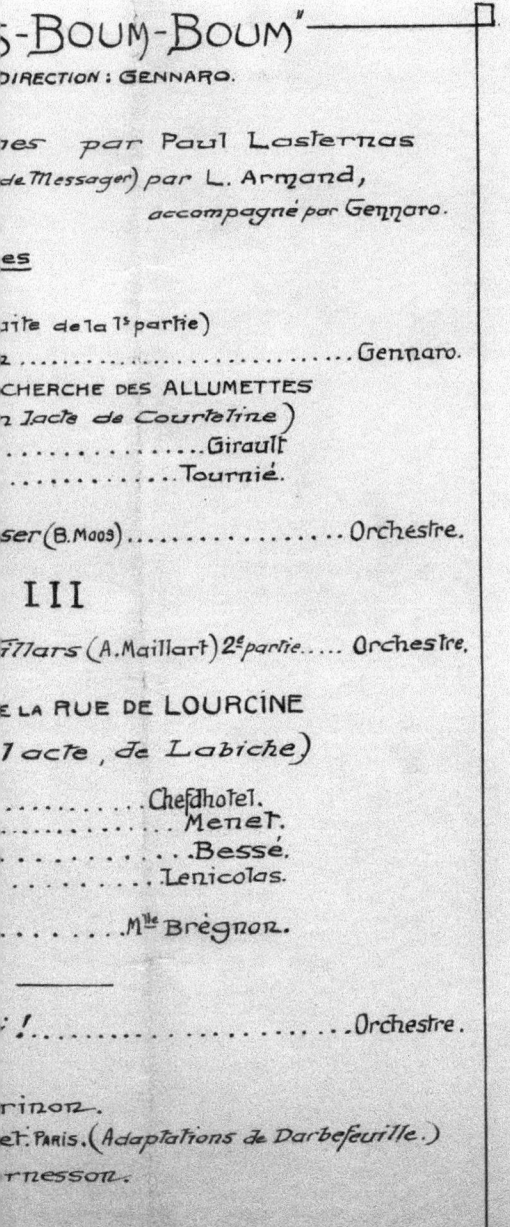

spricht nicht ohne Grund bei ihm vom *Vaudeville mécanique*. Doch mit der Katastrophe des Ersten Weltkriegs ist das Ende der Gattungskonjunktur gekommen; die Stücke der großen drei Vaudeville-Autoren werden seitdem und für lange Zeit als „Klassiker" inszeniert.

Zu Beginn der zweiten Hälfte des 20. Jahrhunderts ist das traditionelle Vaudeville zum stereotypen Amüsier- und Boulevardtheater heruntergekommen, das kein Aufsehen mehr zu erregen vermag. Das ändert sich erst mit einem neuen Inszenierungsstil, der sich vom Boulevard deutlich absetzt, wobei das französische und das deutsche Theater die Anstöße geben. 1964 veröffentlicht der ehemalige Surrealist Philippe Soupault seine Studie *Eugène Labiche* (Mercure de France) und zwei Jahre später, 1966, inszeniert Patrice Chéreau die *Affaire de la rue de Lourcine* in einem Pariser Banlieuetheater in Gennevilliers als ein Stück, das weiter geht als vom Autor beabsichtigt: Um sich (und die bürgerliche Moral) zu retten, zögern die beiden Protagonisten nicht, einen Destruktionsalptraum Wirklichkeit werden zu lassen. Chéreau vergleicht Labiches Stücke mit den Stummfilmen Charly Chaplins und Buster Keatons. Mit Jean Pierre Vincents und Jean Jourdheuils 1971/72 *La Cagnotte*-Inszenierung am *Théâtre National de Strasbourg* beginnt die Labiche-Renaissance an den großen Bühnen und Jourdheuil ist Peter Steins Dramaturg bei dessen Inszenierung von

Labiches *Sparschwein* an der Berliner Schaubühne 1973. Stein und Jourdheuil inszenieren *Das Sparschwein* zeitgemäß, um die korrumpierte Moral des (Klein-)Bürgertums und ihre (un)bewusste Grausamkeit und Frauenfeindlichkeit zu denunzieren. In der Folge werden die Labiche-Vaudevilles, aber auch jene von Scribe und Feydeau in unterschiedlichen Inszenierungsstilen aufgeführt. Klaus-Michael Grüber inszeniert die *Affäre Rue de Lourcine* 1988 an der Schaubühne in einer neuen Übersetzung von Elfriede Jelinek, parallel dazu gibt es eine ZDF-Filmversion. Und 1991 führt Christoph Marthaler bei einer Baseler Inszenierung Regie, wobei er das Stück in Chéreaus Tradition als Slowmotion Slapstick-Komödie interpretiert. Labiche insgesamt, und die *Affäre Rue de Lourcine* insbesondere, bieten zeitgenössischen Inszenierungen Wahlmöglichkeiten, die von Tschechowschen über Beckettsche Perspektiven bis zum Volksbühnen-Klamauk reichen.

Die Saison 2015/16 zeigt, wie aktuell Labiche und sein Stück sind: Nach dem *Burgtheater Wien* (2015) spielt auch das *Deutsche Theater* (Berlin) seit Januar 2016 die *Affäre Rue de Lourcine* in einer Inszenierung von Karin Henkel, und im Programm heißt es u. a.: „Eine Nacht voller Alkohol. Der nächste Morgen. Filmriss. Hinter Lenglumé schnarcht es. Hat er etwa jemanden abgeschleppt, beim Ehemaligentreffen gestern Nacht? Mann oder Frau? Da ist eine Lücke in seinem Gedächtnis, die sich einfach nicht schließen will. Aus dem Bett kriecht einer namens Mistingue. Wer ist das? Und wo kommt er her? Dann berichtet die Zeitung beim Frühstück, vergangene Nacht sei in der Rue de Lourcine ein junges Mädchen ermordet worden. Alle Indizien verweisen auf Lenglumé und Mistingue. Was jetzt? Eine Komödie über Erinnerungsnöte, Identitätsverwirrung und die realitätsstiftende Gewalt der Einbildung." Der letzte Satz deutet an, dass die Inszenierung das Stück postdramatisch interpretiert und die Doppelgänger als Protagonisten zwischen Identitätsverlust und Phantasmen situiert, ohne die „Realität" aus den Augen zu verlieren.

Es ist sehr zu bezweifeln, dass die französischen Kriegsgefangenen, die dieses Stück im Januar 1916 in Regensburg spielten, sich von solchen Inszenierungskonzeptionen leiten ließen. Wie das Theater-Programm des Jahres zeigt, wählen die Soldaten Unterhaltungsstücke aus dem Repertoire des Boulevardtheater, die *Femmes savantes* Molières und Eugène Brieux' *Robe rouge* bilden Ausnahmen. Gemeinsam mit der *Affaire* werden am 9. Januar 1916 ein weiterer Labiche (*La Grammaire*), ein „proverbe en trois actes" von Musset (*Il ne faut jurer de rien*) und ein Courteline (*Théodore cherche des allumettes*) gegeben, was die Spannbreite zwischen literarisch anspruchsvoller „Unterhaltung" und Amüsiertheater verdeutlicht. Die Wahl der *Affaire* war seinerzeit durchaus nicht selbstverständlich, erst seit der Wiederentdeckung Labiches in der zweiten Hälfte des 20. Jahrhunderts sollte dieses Stück für den Autor repräsentativ werden. Was die Gefangenen motiviert haben mag, die *Affaire* zu spielen, ist die überschaubare Zahl der Akteure (vier Männer und nur eine Frau) und die zusätzlich zur Vaudeville-Handlung Spannung schaffende Pseudo-Kriminalhandlung.

Aber vielleicht hat auch das eine Rolle gespielt, was man aus heutiger Perspektive deutlicher sehen kann: Denn die Wahl eines Stückes, in dem zwei Bürger angesichts eines drohenden, wenn auch unbegründeten Mordverdachtes alle moralisch-ethischen Hemmungen fallen lassen, um ihrerseits zu (vermeintlichen) Mördern zu werden, und kurz davor stehen, sich gegenseitig umzubringen, ermöglicht eine Analogie zum Versagen der bürgerlichen Gesellschaft im Ersten Weltkrieg. Bei Labiche wird die Katastrophe nicht nur permanent durch komische Kontrapunktik ausbalanciert, sondern gattungsgemäß abschließend als Illusion entlarvt, so dass nicht nur die bürgerliche Gesellschaft ohne Schaden aus dem Stück hervorgeht, sondern das Stück für die Gefangenenzuschauer auch emotionale Entlastung gestattet. Im Schluss-Couplet können die beiden Protagonisten (Lenglumé und Mistingue) die Zuschauer um „circonstance atténuante" (mildernde Umstände) bitten und der Chor, der ja auch die Zuschauer repräsentiert, stimmt ein: „Ah! rions des suites / De notre frayeur; / Nous en voilà quittes, / Enfin, pour la peur!" (Ah! lasst uns lachen über die Folgen / unserer Angst / So sind wir doch noch / mit dem Schrecken davon gekommen), wobei dies wohl auch die unausgesprochenen Wünsche der Gefangenen angesichts des eigenen Schicksals wie der Katastrophe des Krieges insgesamt formuliert.

Wenn heutige Inszenierungen die *Affaire de la rue de Lourcine* oft als Modell der Schrankenlosigkeit des bürgerlichen Zynismus, als die Hemmungslosigkeit von entfesselten Kleinbürgern, die Alfred Jarrys *Ubu roi* (1896) gleichen, interpretieren, so mag eine Ahnung davon schon in der Regensburger Inszenierung vor einem Jahrhundert vorhanden gewesen sein. In jedem Fall kann man aus heutiger Perspektive nur die Wahl eines Stückes bewundern, das ein Ausnahmeregisseur wie Patrice Chéreau und seit ihm das moderne und postmoderne Regietheater erst ein halbes Jahrhundert später entdeckt haben.

Haltung wahren. Loslassen.
Zum Theaterspiel und der Aufführung der *Affaire de la rue de Lourcine* im Kriegsgefangenenlager Regensburg (1914–1918)

Isabella von Treskow, Universität Regensburg

Theater verbinden wir mit Kunst und Amüsement, mit abendlichem Vergnügen und Freizeitgenuss, mit leichter Unterhaltung oder politischem Kommentar. Wie aber haben wir uns das Theater in einem Kriegsgefangenenlager vorzustellen, wo weder Leichtigkeit am Platze scheint, noch politische Analyse, weder eine Soirée in Abendkleidung, noch Kritik, weder Komödie, noch Tragödie? In welchem Rahmen fanden in Gefangenenlagern des Ersten Weltkriegs Inszenierungen überhaupt statt?

Dem zweiten *Haager Abkommen* von 1899, „betreffend die Gesetze und Gebräuche des Landkriegs", wurde die *Haager Landkriegsordnung* beigefügt, die als Kernsatz enthielt, dass die Kriegsgefangenen mit Menschlichkeit zu behandeln seien (Art. 4). Auch in der revidierten Fassung von 1907, zugehörig zum vierten *Haager Abkommen*, wurde diese Bestimmung wiederholt, ebenso dass die Kriegsgefangenen „in Beziehung auf Nahrung, Unterkunft und Kleidung auf demselben Fuße zu behandeln" seien „wie die Truppen der Regierung, die sie gefangengenommen hat" (Art. 7). Die Behandlung der Internierten mit Menschlichkeit und die Gleichstellung mit den eigenen Truppen wurden von den kriegführenden Mächten des Ersten Weltkriegs in weitem Ausmaß nur eingeschränkt verwirklicht, die Umsetzung schwankte stark und veränderte sich über die Kriegsjahre. In Deutschland hing dies mit der Haltung der Obersten Heeresführung, den unterschiedlichen Gegebenheiten in den Lagern, aber auch mit der Kriegsdauer und der hohen Zahl von Gefangenen zusammen. Führen wir uns die Zahlen vor Augen: Zwischen 6,6 und 8,4 Millionen Menschen wurden im Ersten Weltkrieg interniert, ca. 2,4 Millionen Soldaten aus dreizehn Staaten befanden sich in deutscher Kriegsgefangenschaft, daneben ca. 40.000 Offiziere. Untergebracht waren die Gefangenen im

Ersten Weltkrieg in Mannschaftslagern, Offizierslagern und Lagern für Zivilisten. Bis 1915 entstanden allein in Deutschland über hundert Mannschaftslager. 500.000 Kriegsgefangene aus Frankreich und den französischen Kolonien befanden sich bei Kriegsende in deutscher Gefangenschaft. Sie hatten Arbeitszwang, unzureichende Nahrungsmittelversorgung, permanente Kontrolle, oft illegitime Strafmaßnahmen und Repressalien zu erdulden. Gleichzeitig gestattete die *Haager Landkriegsordnung* kulturelle Betätigungen und Freizeitgestaltung: Sport, Bibliotheken, Musik, Zeitungen, Filmvorführungen und Theater.

Der gewährte Freiraum wurde von den französischen Kriegsgefangenen unterschiedlich genutzt. Im Vergleich zwischen verschiedenen Lagern erweist sich der Regensburger Lagerkosmos als ausgesprochen lebendig, wenngleich die regelmäßige Aufführung von Theaterstücken in Lagern des Ersten Weltkriegs generell üblich war. Eine wichtige Voraussetzung für die Entfaltung kultureller Aktivitäten war zunächst das Verhältnis zwischen Kommandantur und Gefangenen. Der interkulturelle deutsch-französische Kontakt, den der Krieg paradoxerweise beförderte (nicht nur im guten Sinne allerdings!), bildete die Basis für die Möglichkeiten, die Kriegsgefangenschaft, die schließlich keine Strafgefangenschaft war, nach den Maßgaben der *Haager Landkriegsordnung* auszugestalten. Im Regensburger Lager auf dem Unteren Wöhrd scheint das Verhältnis zwischen Franzosen und Deutschen ein günstiges gewesen zu sein und das Engagement einzelner Internierter überaus hoch. Denn neben den Entscheidungen der deutschen Verwaltung gaben der Wille und das Organisationstalent der französischen Soldaten für die Existenz, Kontinuität und Qualität der Freizeitgestaltung den Ausschlag. Ein reichhaltiges Musikprogramm, die sonntäglichen Theateraufführungen, Veröffentlichung und Vertrieb der Lagerzeitung *Le Pour et le Contre*, *Das Für und Wider* sowie die Einrichtung zweier Bibliotheken sprechen für ein intellektuelles und kulturelles Engagement, mit dem der Verlust der Selbstbestimmung in der Gefangenschaft wenigstens teilweise wieder wettgemacht werden konnte. Ein weiterer Zweck der Aktivitäten wird immer wieder von den Redakteuren der Gefangenenzeitung angesprochen: sich nicht gehen zu lassen, sondern auf sich zu achten und ein zivilisierter Mensch zu bleiben, als welcher man eines Tages nach Frankreich zurückkehren sollte.

Die Gefangenen befanden sich im Gewahrsam des Feindes und unter den Zwängen der Lagerinternierung in einer destabilisierenden Situation. Ihrer bürgerlichen Existenz waren sie verlustig, man hatte sie schließlich als Soldaten interniert – der frühere Beruf, das vorherige Familienleben, die gesellschaftliche Anbindung, der soziale Status, eigene Interessen, Gewohnheiten und Vorlieben, all dies war auf unbestimmte Zeit ausgesetzt. Sie fanden sich in Abhängigkeit von den deutschen Behörden und in Abhängigkeit von den Mitinternierten fern der Heimat

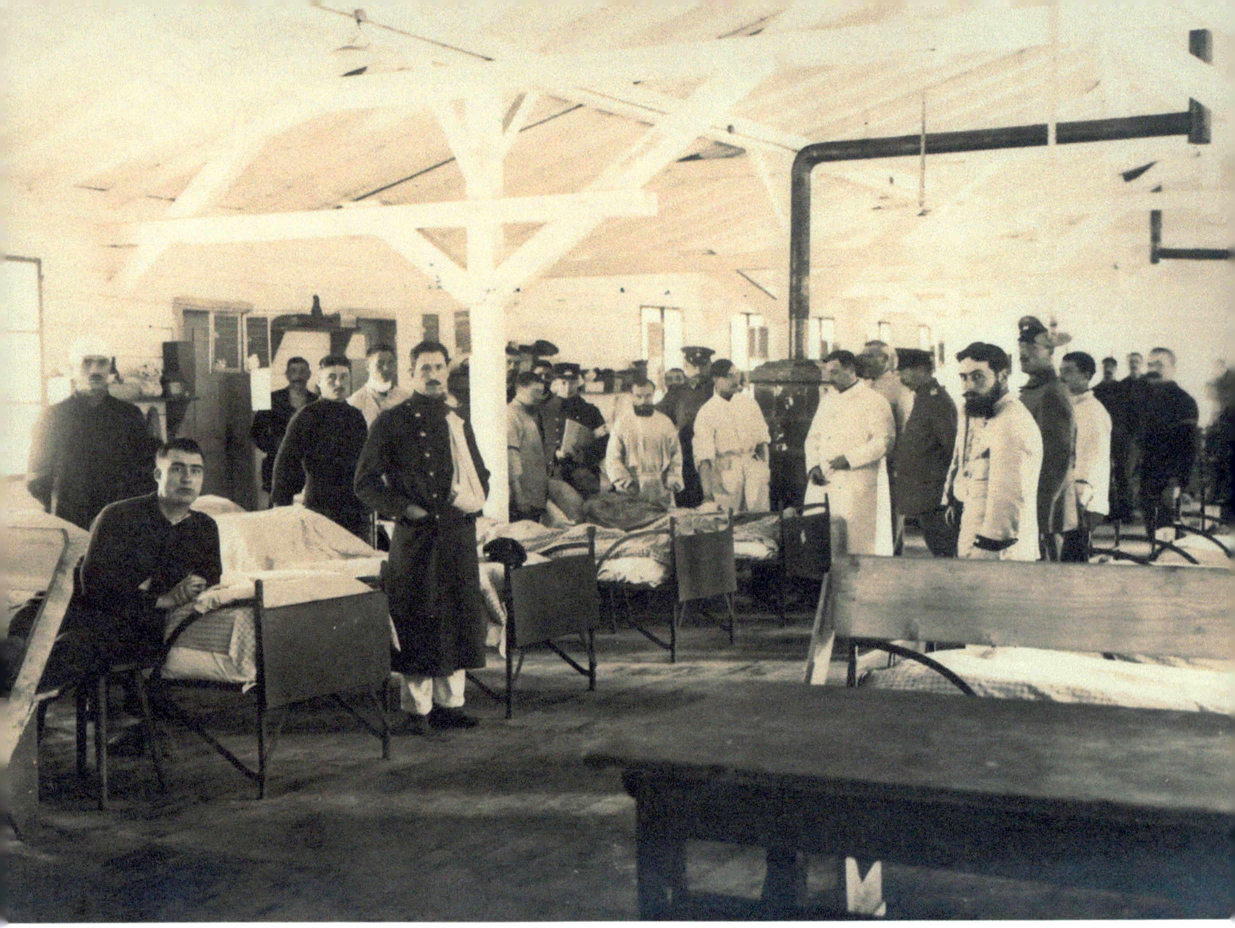

Kriegsgefangene im Lager Regensburg
(Sammlung Fred Wiegand)

LES RATIS-BOUFFES

Alors qu'au début de l'année 1915 bon nombre de camps d'Allemagne possédaient déjà un théâtre, nous en étions encore réduits, comme distraction, à l'unique et monotone ballade sur notre modeste "pelouse". Bien que d'ingénieux compagnons aient mis tout en œuvre pour agrémenter de leur commerce et de leurs jeux, cette foire en miniature n'avait rien de joliesse. L'exiguïté de l'emplacement que nous occupions était la conséquence inévitable de cet état de choses et nous nous prenions à envier ceux qui, plus favorisés que nous, profitaient de vastes espaces et de nombreux locaux.

Cependant, vers le milieu du 2ᵉ trimestre 1915, des baraquements neufs furent mis en chantier sur un terrain attenant au dépôt. Nous pûmes dès lors envisager la possibilité de réaliser un jour nos espérances.

Les travaux terminés un groupe de musiciens (noyau précieux à où sortit plus tard l'orchestre des Ratis Boum-Boum) obtint l'autorisation de donner des auditions musicales dans le nouveau hall.

Le premier pas était fait.

De son côté Mr l'Aumônier sollicita la faveur de mettre un terme aux pérégrinations du culte catholique dans le camp et de célébrer les offices religieux dans le nouveau local. Sa demande fut favorablement accueillie et la halle IX devint à partir de ce jour, un endroit mixte réservé aux haltes bienfaisantes de l'âme et du corps.

Vers le milieu de l'automne, les autorités allemandes laissaient construire une chapelle sur un terrain contigu à la halle IX. L'autorisation d'aménager cette halle en salle de théâtre nous fut immédiatement accordée et nous pûmes dès lors envisager comme certaine l'ouverture prochaine de ce qu'on se plaisait déjà à nommer "Les Ratis-Bouffes".

Le 15 Novembre, une première distribution était faite pour les pièces de début et le 21 novembre le Cavalier Pioche était mis en répétition dans l'ancienne salle de désinfection.

La question financière, chose primordiale dans toute notre entreprise, ne laissa pas d'inquiéter quelque peu la nouvelle administration. Ce fut au lendemain des collectes faites pour l'aménagement de la nouvelle chapelle où l'on battit "l'appel de fonds" de sorte que certaines bonnes volontés ne purent y répondre. Cinq quêtes furent faites à l'occasion des concerts musicaux et eurent une somme de 126 mk 73.

Évidemment, c'était bien peu mais suffisant cependant pour parer aux premiers frais de mise en train.

Le 4 Décembre, une assemblée générale réunissait dans le nouveau local, définitivement affecté, les 46 membres fondateurs de l'œuvre, chacun s'engageait à verser au trésorier une action de Dix Mark remboursable au gré du souscripteur, soit en carnets d'abonnement, soit en numéraire. Cette deuxième encaisse de 460 mk fut suffisante pour permettre les achats plus importants et commencer les travaux.

Grâce à l'activité des ouvriers de la première heure "Les Ratis Bouffes" pouvaient ouvrir leurs portes et donner leur représentation de début le 24 décembre, veillée de Noël.

Inutile de rappeler la joie qui ne cessa de régner dans cette première séance. Les célèbres tirades de Hernani soulevèrent des tonnerres d'applaudissements. Et ce ne fut pas la beauté du décor qui enthousiasma nos amis, car la somptueuse galerie des portraits de la maison des Silva ne devait avoir qu'une bien lointaine ressemblance avec l'amas de couvertures multicolores qui décorèrent, ce soir-là notre modeste plateau. Mais la valeur des mots "ça" fut faire oublier la pauvreté du cadre et tous remportèrent, de cette soirée, l'impression qu'une belle et utile chose allait naître.

Ce fut bien mieux lorsque le 1ᵉʳ Janvier nous sortîmes notre premier décor. Est-il possible qu'un peu de bois, de papier et de peinture à la colle vous chatouille aussi agréablement la vue? Les plus féroces de nos farouches critiques ne purent retenir leurs cris d'admiration devant cette merveille. La joliesse et le bon goût de ce petit salon Louis XVI, dessiné par une main d'artiste, présageait heureusement pour l'avenir.

La Renommée s'apprêtait à prendre son vol en compagnie des "Deux Canards", "lorsqu'un grand coup de vent lui brisa les deux ailes."

Le 12 Janvier, les séances étaient momentanément suspendues et le trésorier en profita pour arrêter sa caisse. Les premiers frais d'installation atteignaient déjà le chiffre respectable de 995 mk 63. Cela semble énorme et pourtant que restait-il encore à faire pour atteindre l'idéal rêvé!!!!

Le 25 Janvier, on sonnait les "Deux Canards" première pièce en 3 actes, et 8 jours plus tard, une soirée de gala marquait la fin des travaux et inaugurait définitivement "Les Ratis Bouffes".

Voici quelques chiffres qui intéresseront certainement plus nos amis que le plus beau des dithyrambes :

Theaterbühne (Abbildung aus „Les ‚Ratis-Bouffes'. Avec 11 photographies", in: *Gazette des Ardennes: Journal des pays occupés. Édition illustrée*. Heft 45 (Oktober 1917), S. 3)

wieder, auch wenn sich soziale Unterschiede durch finanzielle Möglichkeiten und die Kontakte nach Frankreich ergaben, d.h. durchaus hierarchische Abstufungen bestanden. Neue Gruppenbezüge bildeten sich im Lager nach Nationalitäten, Tätigkeiten bzw. Arbeiten, Barackenzugehörigkeit und Funktionen aus. Zwar herrschte Erleichterung darüber, nicht unmittelbar an den Kämpfen beteiligt zu sein, gleichzeitig stellten sich Gefühle der Nutzlosigkeit und des Ausgeliefertseins ein. Schauspiel als eigene Welt in der Gefangenenwelt ermöglichte den Internierten, sich in geistiger Verbindung zur Heimatnation Frankreich aus der Lagerrealität zu lösen. Gerade das Vaudeville-Boulevardtheater des 19. Jahrhunderts, dem die meisten gespielten Stücke in Regensburg entstammen, verkörperte die bürgerlichen Werte und Traditionen ihrer *civilisation*, die die Gefangenen sich auf diese Weise in die Gegenwart holten. Lachen befreit ganz allgemein von Sorgen, gewiss. Aber es befreite die französischen Zuschauer im übertragenen Sinne auch aus den Fesseln einer schwer erträglichen Lage.

Als 1915 auf dem Gelände am Unteren Wöhrd neue Baracken für die Unterbringung von Kriegsgefangenen errichtet wurden, ergriffen einige die Gelegenheit beim Schopfe, nämlich die in *Le Pour et le Contre* so genannten „H6 membres", „Mitglieder" der hall 6 (Baracke 6). Darunter waren als treibende Kräfte sicherlich Louis Carton und Paul Lasternas. Carton, in Bordeaux geboren, wurde als Feldwebel verhaftet und trug auch als Dichter zum Kulturprogramm im Lager bei. Lasternas, dessen Familie in Paris lebte, wurde 1886 in Saint-Sulpice d'Excideuil in der Dordogne geboren und war am 22. August 1914 verhaftet worden, einem der

Artikel über das Lagertheater
(Staatliche Bibliothek Regensburg, Signatur: IM/4Rat.civ.369)

furchtbarsten Momente in der französischen Kriegsgeschichte. 27.000 Soldaten starben an diesem Tag im Artilleriefeuer der Deutschen, Lasternas geriet mit dem 31. Infanterie-Regiment in Cutry verwundet in Gefangenschaft. Carton und Lasternas erreichten durch einen Antrag beim Lagerkommandanten, dass im Herbst in der so bezeichneten „hall IX" eine veritable Theaterspielstätte errichtet werden konnte, mit 440 Sitz- und 300 Stehplätzen, mit erhöhter Bühne, *trou du souffleur*, schweren Vorhängen und der Anzahl an Türen, die das Boulevard-Theater so dringend benötigt.

Die Kosten für die Umbaumaßnahmen der Baracke, die zuvor als Raum für Gottesdienste und Orchesterproben gedient hatte, wurden aus Spenden der Internierten gedeckt. Kostüme, Requisiten und Texte kamen aus Frankreich. Am 24. Dezember 1915 abends weihte man das Theater ein. Aufgeführt wurde *Hernani* von Victor Hugo, ein Stück, das im Untertitel die „kastilische Ehre" trägt. Der Held ist ein junger Mann aus hohem spanischen Adel, aber als Rebell gegen die herrschenden Kräfte zum Outlaw geworden, der sich schließlich dem Willen eines Herzogs ergeben muss, hierfür seine Freiheit opfert, als Verschwörer an einer Revolte gegen den Kaiser teilhat, welcher jedoch die Verschwörer gefangen nimmt. Nach einigen Verwicklungen sind alle Hauptpersonen tot. Die Begeisterung über die Aufführung dieses romantischen Dramas, das zu den wichtigsten Stücken der französischen Theatergeschichte zählt, war offenbar ungebremst. Seine Themen ließen sich leicht mit Gefangenschaft und Krieg, Unterordnung und Auflehnung in Verbindung bringen. Die Aufwertung der Marginalisierten und Rebellischen, die stilisierte Sprache, die starken Kontraste, die großen Gefühle, um die es geht – Abscheu, Sehnsucht, Glück der Liebe, Rache, Versöhnung, Enttäuschung, Hass –, riefen förmlich dazu auf, kurzzeitig die Grenzen der Disziplin und Selbstdisziplin zu vergessen, sich dem Theatergenuss hinzugeben, den permanenten Zustand der Kontrolle im Lager hinter sich zu lassen. Louis Carton, mit Lasternas Leiter der Theatergruppe *Ratis-Bouffes*, schreibt im Rückblick vom Enthusiasmus des Publikums und dem donnernden Applaus, der auf die „célèbres tirades de Hernani" gefolgt und besonders auf die spielerische Stärke der Darsteller zurückzuführen sei. Bei allen hätte sich das Gefühl eingestellt, das mit diesem Abend etwas Neues und Schönes begänne.

Noch zwei Jahre bestand das Lager, über vierzig Aufführungen sollten dieser Premiere allein bis August 1915 folgen, insgesamt waren es über fünfzig, von denen wir wissen. Die Errichtung der Bühne 1915 verlieh den Theaterfreunden Schwung. Im Februar 1916 wurde der Name *Ratis-Bouffes* offiziell, entstanden aus „Ratis" (von *Ratisbona*) und der ersten Partikel von *Bouffes-Parisiens*, einer berühmten Pariser Truppe, deren Name dem italienischen *buffo*, „komisch", entlehnt ist. Den

Ratis-Bouffes war Erfolg beschieden, auch kommerziell: In acht Monaten wurden fast 5.000 Mark eingenommen. 400 Mark bot die Theatergruppe auf, um das Regensburger Denkmal für die gestorbenen Kameraden zu finanzieren.

Le Pour et le Contre, die Regensburger Kriegsgefangenenzeitung (erschienen Juli 1916–April 1917) gibt zuweilen Auskunft über das Programm des jeweils folgenden Sonntags, liefert Zusammenfassungen und zwei ausführlichere Besprechungen. Eine Rubrik speziell zum Theater findet sich nur in der Zeit bis Ende August 1916, eine *Chronique théâtrale*, für die Paul Lasternas und Louis Carton verantwortlich zeichnen. Am 28. August 1916 wird traurig erklärt, dass das Theater eine Pause mache, deren Ende offen sei. Theateraufführungen waren ab diesem Zeitpunkt wegen eines administrativen Verbots des Lagerkommandanten oder der bayerischen Behörden nur noch vereinzelt zu Festtagen möglich. Die Entscheidung muss die Verantwortlichen hart getroffen haben, denn sie empfanden das Theater im Sommer 1916 auf dem Höhepunkt. Im Frühjahr 1917 verbot das Preußische Kriegsministerium für einige Monate in allen deutschen Gefangenenlagern Theateraufführungen, bis das Verbot im Sommer 1917 wieder aufgehoben wurde. In Regensburg scheint der Elan jedoch gebrochen gewesen zu sein; jedenfalls gibt es derzeit keine Nachweise für Aufführungen nach Weihnachten 1916.

Ein Jahr zuvor standen die Dinge anders: *L'Affaire de la rue de Lourcine* wurde kurz nach der Einweihung der Theaterbaracke am Sonntag, dem 9. Januar 1916, gespielt und zeigte im bürgerlichen Dekor, wie das Bürgerliche aus den Fugen geraten kann. Innenseite und Außenseite passen nicht zueinander. Beide werden in schnellem Wechsel beleuchtet: Der Bürger, Lenglumé, wahrt nach außen die Haltung und erweist sich gerade dadurch als Betrüger. In immer neuen Vertuschungsmanövern versucht er über den – für ihn sicheren – Umstand hinwegzutäuschen, dass er nächtens gemordet hat. Nicht etwa stellt er sich dem Verbrechen oder versucht rational, den Geschehnissen auf den Grund zu gehen, die in einer durchzechten und in seiner Erinnerung verdunkelten Nacht vorgefallen sind, wie es die bürgerliche Moral verlangt. Die bürgerliche Moral zeigt sich insgesamt recht brüchig. Kein Schritt in Richtung Schuldeingeständnis, keine Selbstkritik, keine Ehrlichkeit, keine Barmherzigkeit, keine freundschaftlichen Gesten. Lenglumé und sein vermeintlicher Mittäter Mistingue sind sich selbst die nächsten. Sie haben sich gehen lassen, und nun bezweckt jeder Satz und jede Handlung, für alle Außenstehenden ein Bild von sich aufrechtzuerhalten, das den waltenden Codes entspricht, von dem das innere Bild jedoch erheblich abweicht. Impulse und dunkle Triebe werden nicht geleugnet. Allerdings verlangt die gesellschaftliche Norm, den Schein zu wahren, und das Publikum bebt gespannt mit ihnen, wenn sie in bedenklichen Drahtseilakten den Geist Macbeths abwehren und Unsinn von sich geben, um ihre Haut zu retten.

Konnten diese Diskrepanzen zwischen Selbstbeherrschung und Lotterleben, zwischen Moral – Lenglumé ist auf dem Weg zu einer Taufe – und Verbrechen, zwischen Selbstkontrolle und Kontrollverlust bereits Anlass genug für das Publikum auf der Wöhrd-Insel sein, den Eindruck zu gewinnen, einer subtilen Widerspiegelung eigener ambivalenter Haltungen und Verhaltensweisen in der Gefangenschaft beizuwohnen, welche sich aus dem Spiel von Illusion und Desillusion erhob, so trug die Besetzung der weiblichen Rolle mit einem männlichen Gefangenen noch zur Auffächerung der Sinnebenen bei. Zunächst zur Rolle: Norine Lenglumé vertritt die feste gesellschaftliche Ordnung. Als Frau kommt ihr traditionell die Funktion der Hüterin von Regeln und Pflichtgeboten zu, die Männer können über die Stränge schlagen. Lenglumé verhält sich ihr gegenüber mal wie ein schuldbewusstes Kind, das die sofortige Strafe fürchtet, mal mit der Herablassung, mit der ein Bürger seine Gattin im 19. Jahrhundert ohne Weiteres behandeln konnte. Das eine funktioniert nicht ohne das andere: Madame Lenglumé repräsentiert die städtische Gesellschaft im bürgerlichen Salon, sie drängt ihn in die Rolle des selbstsicheren Mannes, dem kaum etwas passieren kann. Sie erwartet, dass er sich in der Außenwelt bewährt. Zudem sind Ehefrau und Kohlenträgerin (die die Protagonisten fürchten, umgebracht zu haben) als Frauen auch Objekte, die man mit kleinen Geschenken glücklich machen kann. Der Tod einer Kohlenträgerin wiegt in den Augen der Schulkameraden nicht schwer. Da aber im Gefangenenlager die weibliche Rolle von einem Soldaten übernommen wurde, sprach die Hauptfigur Lenglumé als Mann und vermeintlich Schuldiger zu einem Mann, was die Bedrohungslage erheblich verschärfte. Einem Mann gegenüber Rechenschaft abzulegen, der die Ordnung vertritt, mehr Autorität als die eigene Ehefrau hat und nicht zum Komplizen gemacht werden kann, hätte bei Aufdeckung des Verbrechens einen erheblichen Ansehensverlust, womöglich einen irreversiblen Schaden bedeutet. Mit dieser Doppelbödigkeit nahm die Aufführung im Januar 1916 eine Gratwanderung vor, die das Verwirrspiel noch verwirrender machte.

Die Besetzung der weiblichen Rolle mag zusätzlich den erotischen Untertönen des Stücks eine eigene Note verliehen haben. Wir können nur ansatzweise aus den Kritiken zu *Gudule* und *La robe rouge* herauslesen, wie *Le Pour et le Contre* und gegebenenfalls die Gefangenengemeinschaft mit dem Phänomen umging. In der Kritik zu *Gudule* (1909), aufgeführt am 15. August 1916, entschied sich Louis Carton zu einem humorvollen, gleichwohl zweideutigen Kommentar: „In der kleinen Komödie von Y. Mirande hebt sich der Vorhang … auf sehr ange-

Theaterkritik aus *Le Pour et le Contre*
(Staatliche Bibliothek Regensburg, Signatur: IM/4Rat.civ.369)

Chronique Théâtrale

"La Robe Rouge"

Compte-rendu :

Un programme magnifiquement illustré, un merveilleux décor, sévère de lignes et chaud de couleurs, où se sont affirmés, une fois encore, un goût très sûr et une adresse consommée ; d'élégantes robes de femmes très joliment dessinées par une main experte, des costumes de Magistrats remarquables d'exactitude et d'éclat, et enfin une interprétation excellente, voilà l'impression d'ensemble qu'a pu et dû laisser la représentation de "La Robe Rouge".

La tâche était ardue, certes, et la tentative osée ! La gageure a été tenue cependant et de façon telle que le drame, déjà périlleux — oh ! combien ! — pour des professionnels, fut joué sans ridicule aucun. Bien plus avec une sincérité et une justesse d'expression qui émurent pleinement quelques cœurs sensibles. Et c'est bien là, n'est-il pas vrai, le plus indiscutable "critérium", puisque, comme dit l'autre :

« Vive le mélodrame où Prévost a pleuré ! »

... Et voici, au courant de la plume, quelques impressions hâtives, mais sincères, du moins indulgent des critiques !

Mouzon. Composition très juste, criante de vérité – presque de ressemblance. Peut-être un léger abus des "effets de voix" ! Et encore, au goût de certains, ce défaut est-il une indiscutable qualité ! Par ailleurs, une aisance en scène dont l'éloge n'est plus à faire.

Vagret. L'un des rôles les plus difficiles. Rendu avec une conviction impressionnante et presque toujours avec une extrême simplicité de moyens : et il n'est pas de plus beau compliment à l'adresse d'un comédien.

Etchepare. Pour être excellent dans ce rôle encor, il suffit que l'interprète soit de haute taille et bien grimé, qu'il ait de la gueule, de l'entêtement, un mauvais caractère et surtout une bonne opinion de lui ! Avec ça et un souffleur habile, l'effet est sûr...

Mondoubleau. Pittoresque silhouette, croquée sans doute sur les bords de quelque mare stagnante d'avant-guerre – par un vrai artiste qui n'a de l'amateur que la modestie et qui, du professionnel, possède toute la souplesse et l'aisance.

La Bouzule. L'une des créations les plus fouillées et les plus réussies d'un fantaisiste dont le défaut, d'ordinaire, est une timidité irraisonnée – et injustifiée – de moyens.

Bunerat. Tête et allure rappelant un peu trop quelque juge de Courteline; mais convaincu et dans le train.

Le Procureur Général. Admirablement grimé. D'une tenue et d'une autorité rares chez un amateur. Haute et belle création : l'une des toutes meilleures – sinon la meilleure, sans plus – de l'interprète.

Le Président des Assises. Tout à fait dans la note – quoi qu'en pensent ceux qui, dans leur contemplation béate des fonctions ou des uniformes, oublient que l'habit ne fait pas le moine. Par contre excessive vélocité de langue et freins insuffisants pour ralentir aux "tournants dangereux".

Mᵉ Delorme. Un peu jeunet d'allure, mais correct – et ému, si sincèrement ému, après le 25 !

Bridet. Effaré à souhait. Aucun excès. Aucune fantaisie de mauvais goût. Très juste interprétation.

Le Lieutenant de Gendarmerie et M. Ardeuil. Excellents débuts. Beaucoup d'aisance. Sympathiques.

Le Greffier. Des aptitudes au "métier" comme eût dit Vagret, mais un peu gâtées par une excessive précipitation dans le débit, confinant parfois au "bafouillage".

Mᵉ Placat. Trop courte apparition, qui faisait bien augurer de la plaidoirie attendue et qui ne vint pas.

Le Concierge. L'homme du rôle – et il le sait ! Aussi à l'aise dans les salles du Palais que dans un "cabinet particulier".

Les Gendarmes. Très corrects, mais pourquoi sans armes ?

Yanetta. Un 1ᵉʳ acte très passable et un 2ᵐᵉ tout à fait beau. Une émotion, souvent d'extrême justesse. Quelques cris de grande sincérité et de farouche révolte. Rien, dans l'allure, qui fût choquant... Ensemble digne du gros succès obtenu dans ce rôle – l'un des plus ardus et des plus écrasants pour une femme, et doublement lorsque cette femme est un homme.

La mère d'Etchepare. Très intelligente composition, la plus fine, et la meilleure incontestablement, de l'interprète. Très remarquée et à juste titre.

Mᵐᵉ Vagret. Si allante ! Si bien dans les brancards ! À quoi pensait-il donc l'heureux voisin d'une si exquise femme, pour préférer le Danube trompeur à des charmes si aguichants ?

Mᵐᵉ Bunerat. Pointue, sèche et revêche. Bien observée et très justement rendue.

Bertha. Mignonne à souhait, notre ingénue d'exil. Si gentils son trouble... et son cuir... (sans injurieuse allusion)...

Catialena. Amusante dans son parler basque et son ahurissement international.

Et voilà !...

À huitaine, comme on dit au Palais :
"Gudule", Comédie en un acte de Y. Mirande
et
"Le Poulailler", Comédie en 3 actes de Tristan Bernard.

Paul Tosterivos

- Chroniquade -

Pour tous renseignements concernant "le petit ruisseau qui monte un côté". S'adresser : à notre sympathique sergent-major "Paul".

Soldat, der eine weibliche Rolle besetzt (Abbildung aus „Les ‚Ratis-Bouffes'. Avec 11 photographies", in: *Gazette des Ardennes: Journal des pays occupés. Édition illustrée*. Heft 45 (Oktober 1917), S. 3)

nehme Weise. Aufsehenerregendes Debüt eines neuen Sterns, dessen Lichtstrahlen wir bis jetzt nicht bemerkt hatten. Noch mehr Natürlichkeit und es wäre vollkommen gewesen." (*Le Pour et le Contre*, Nr. 6, 20.8.1916). Das Anheben eines Vorhangs, die Bezeichnung des Schauspielers mit einem weiblichen Hauptwort und einer weiblichen Metapher (étoile, „Stern"), die auf „Star" verweist, und dazu die Anspielung auf den Umstand, dass jemand mit einem männlichen Körper eine weibliche Rolle spielt, zu der ihm nur noch die natürlichen, d.h. biologischen Voraussetzungen zu fehlen scheinen, diese Bemerkungen bewirken ein ambivalentes Spiel mit Geschlechterrollen. Die Komik, die mit den Auftritten der Damendarsteller auf der Bühne verbunden war, setzt sich in die Zeitung fort. Die Darsteller von Frauenrollen mussten auf der Bühne das Weibliche bzw. das, was als weiblich galt, besonders hervorkehren und übertrieben betonen, um wenigstens eine Illusion von Fraulichkeit zu erzeugen. Sie mussten im Falsett sprechen und mit weiblichem Hüftschwung die Bühne queren. Kostümen und Hüten kam eine eigene Funktion zu, die vielleicht dazu beitrug, dass das Theaterprogramm die Herkunft extra erwähnt („Costumes de la Maison *Ducet*, Paris, Chapeaux de la Maison *Marie Crozet*, Paris"). Im Kontext eines Gefangenenlagers, das der permanenten Bestätigung von Männlichkeit diente, bildete dieses Element einen erheblichen Störfaktor. Durch ihn konnten mindestens indirekt Fragen der Ansprüche an beide Geschlechter, Fragen nach Geschlechterhierarchien, nach der Verteilung der sozialen Verantwortung und nach Männer- und Frauenrollen in Gang gesetzt werden.

Das Theater erwies sich damit als Raum, in dem auf dem Weg über Unterhaltung und lockeres Amüsement hintersinnig gegen bestehende Regeln und Wertsysteme opponiert wurde: Kaum ein Stück, und sei es noch so sehr im Populär-Witzigen verhaftet, kommt ohne Rebellion und Abweichung aus. Kaum ein Plan gelingt im Theater wie vorgesehen, gerade die Stolzen und Herrschenden, erst recht die Herrschsüchtigen, werden zu Fall gebracht, auch wenn im letzten Akt gerne die Ordnung wieder hergestellt wird. Die französischen Soldaten dürften daran ihren Gefallen gefunden haben. Gleichzeitig knüpften sie als Regisseure, Schauspieler und Publikum im Regensburger Lager an kulturelle Aktivitäten und Gewohnheiten an, die sie der Passivität, dem Gefangenenalltag und dem Gefühl des Eingesperrtseins kurz entrissen, die eine Fortsetzung der französischen Theaterkultur der Friedenszeit darstellten und dadurch zurück in eine bürgerlich-behagliche Lebenswelt führten, die außerordentlich weit entfernt war – zeitlich wie räumlich. Das Theater mag damit einen Blick hinaus erlaubt haben, hindurch zwischen der Absicht, auch in der Fremde und der Gefangenschaft die Haltung zu wahren, und Momenten der Loslösung, zwischen der Selbstironie, mit der versucht wurde, die Gefangenschaft zu ertragen, und dem verständlichen Wunsch, in geordnete und friedliche Verhältnisse zurückzukehren, … in denen schwere Verbrechen sich ganz einfach als Missverständnisse entpuppen können.

Theaterkritik aus *Le Pour et le Contre* (Staatliche Bibliothek, Signatur IM/4Rat.civ.369)

Programmkarte zu *Le Poulailler*
(Staatliche Bibliothek Regensburg, Signatur: IM/4Rat.civ.368)

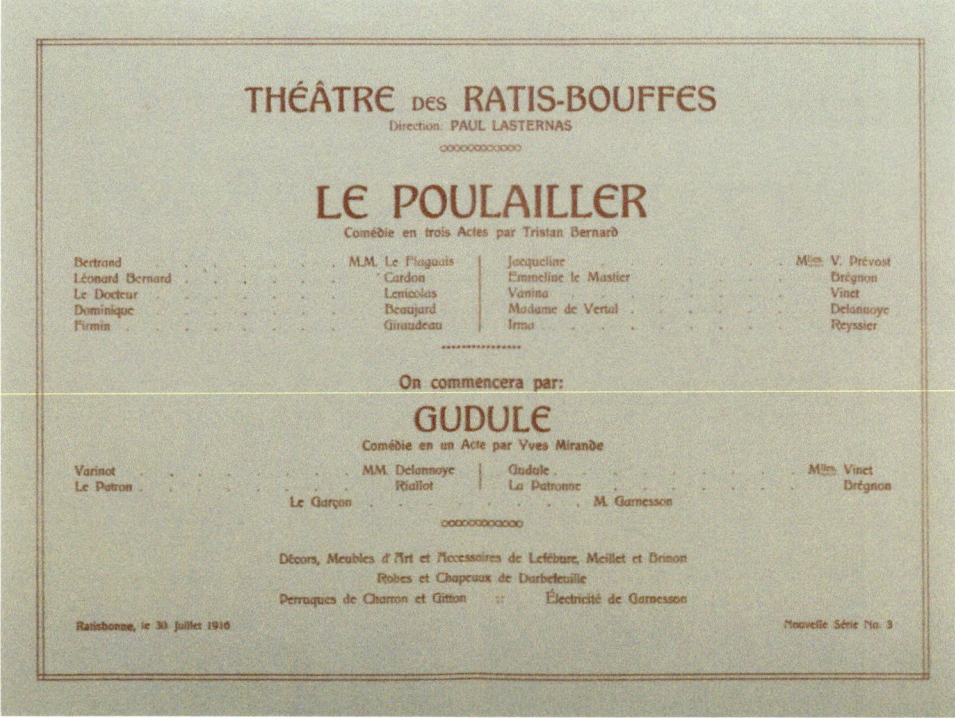

Theater und Musik aus dem Kriegsgefangenenlager Regensburg

Abendprogramm
Thon-Dittmer-Palais, 17. Juni 2016, 20.00 Uhr

Hochschule für katholische Kirchenmusik
und Musikpädagogik Regensburg

André Joubert du Collet
Auprès de ma blonde (1704)

Peter Tilch, Gesang
Bernd Mayer, Klavier

Reynaldo Hahn (1874–1947)
Aus *Sept Chansons grises*:
Nr. 1: *Chanson d'automne*
Nr. 2: *Tous deux*
Nr. 5: *L'heure exquise*
Nr. 6: *Paysage triste*
Nr. 7: *La bonne chanson*

Esther Baar, Gesang
Mai Nishiyama-Schultz, Klavier

Charles-Marie Widor (1844–1937)
Introduction et Rondo pour Clarinette et Piano, op. 72

Michael Wolf, Klarinette
Angela Mayer, Klavier

Robert Schumann (1810–1956)
Die beiden Grenadiere (nach Heinrich Heine), op. 49/1

Marlo Honselmann, Gesang
Christine Lindermeier, Klavier

Le Fou de Notre Dame
Text: L. Bénech, Musik: R. Desmoulins
Bien! … Marie
Text: Jean Daris, Musik: Adolphe Gauwin

Peter Tilch, Gesang
Bernd Meyer, Klavier

Ludwig van Beethoven (1770–1827)
Sonate für Violine und Klavier A-Dur, op. 47, Kreutzersonate
I. Adagio sostenuto – Presto

Franziska Groß, Violine
Christine Lindermeier, Klavier

Akademie für Darstellende Kunst Bayern

Eugène Labiche (1815–1888)
Die Affäre Rue de Lourcine

Es spielen:
David Endress, Julian Kühndel,
Eike Zastrow, Johannes Schmid,
Manuel Knoll, Jonas Rube

Chor der Frauen:
Marie-Claire Nickel, Lindsay Ready,
Britta Werksnis, Laura Götz,
Sonja Halter, Daja Fuhrmann,
Taler Rüsing, Sabine Sachse

Moderation: Gamze Uguzcan,
Ferdinand Reitenspieß

Regieassistenz:
Sara Weber

Aufnahmen während der Proben, Frühjahr 2016

Teil 3:
Sehnsucht nach Frieden

La Paix chez soi (Der häusliche Friede) von Georges Courteline. Analyse und Erläuterungen zu den Aufführungen in den Kriegsgefangenenlagern Regensburg und Amberg-Kümmersbruck im Ersten Weltkrieg

Ursprünglich veröffentlicht in:
Kleine Schriften der Staatlichen Bibliothek Regensburg, Band 8

Begleitpublikation zur Theateraufführung *La Paix chez soi* von Georges Courteline aus dem Jahr 1903 in Regensburg, November 2016

Vorwort

Als vor einigen Jahren die Staatliche Bibliothek Regensburg im Rahmen ihres regionalen Sammelauftrages eine vollständige Ausgabe der französischen Kriegsgefangenenzeitung aus der Zeit des Ersten Weltkriegs *Le Pour et le Contre* sowie ein stattliches Konvolut von Theater- und Musikprogrammen erwarb, war kaum etwas über dieses Lager bekannt. Es war eine Serie von Glücksfällen, dass sich zunächst Frau Prof. Dr. Isabella von Treskow für dieses Thema begeisterte, und damit eine Reihe von Forschungen in ihrem Umfeld anstieß, und sich schließlich auch die Stadt Regensburg bereit erklärte, die Erforschung dieses nicht unbedeutenden Phänomens großzügig zu unterstützen. Seither ist viel geschehen. Wir wissen nun, auch im Vergleich mit anderen Lagern, wie das Regensburger Kriegsgefangenenlager zu verorten ist. Natürlich war das Regensburger Lager selbst mit seinen zahlreichen Außenlagern ein eher kleineres Lager im Deutschen Reich während des Ersten Weltkriegs. Es war aber doch in vielerlei Hinsicht ein typisches Lager, gerade, was die kulturellen Aktivitäten betrifft. Die Kriegsgefangenen entfalteten aus eigener Initiative heraus ein reges Kulturleben: sie gaben eine Zeitung heraus, die bereits erwähnte *Le Pour et le Contre*, sie spielten Theater, sie schrieben und dichteten, sie musizierten und sangen, sie trieben Sport. Es gab eine bemerkenswerte Lagerkultur in Regensburg, deren Vielfalt, aber auch Ambivalenzen im Rückblick sichtbar werden. Dabei darf jedoch nicht vergessen werden, dass die Gefangenschaft trotz der kulturellen Aktivitäten für die Internierten zumeist ein zutiefst traumatisches Erlebnis war. Auch das hier im Mittelpunkt stehende Stück *La Paix chez soi* wurde im Regensburger Lager aufgeführt. Die Kriegsgefangenen waren stolz auf ihr Theater und das Ensemble, das sich mit einem leichten Augenzwinkern *Ratis-Bouffes* nannte. Ein Kompositum aus dem französischen Namen für Regensburg – *Ratisbonne* – und der berühmten Pariser Truppe *Bouffes-Parisiens*. Dass es nun ein Jahrhundert nach seiner Erstaufführung in Regensburg erneut und in völlig anderem, Gott-sei-Dank nun friedlichem Kontext und Umfeld auf die Bühne gebracht werden kann, freut uns ganz besonders. Mit dieser Begleitpublikation versuchen wir, diesem einmaligen Ereignis etwas Nachhaltigkeit zu verleihen.

Bernhard Lübbers

Le Pour et le Contre

Journal Hebdomadaire des Prisonniers de Regensburg

Le Numéro 10 centimes   N° 10   Dimanche 17 Septembre 1916

"Les Forces inconnues"

C'est le dernier où quand l'incrédule se trouve désarçonné devant les guérisons extraordinaires de Lourdes et ne sait que répondre aux questions du surnaturel, il se réfugie sous l'abri commode de l'inconnu; c'est l'inconnu, ce sont les forces encore indéterminées de la nature qui agissent à Lourdes; et si la science a fait jusqu'ici des découvertes aussi surprenantes que la télégraphie sans fil ou la transmission de la pensée à distance, elle nous expliquera aussi quelque jour les prétendus miracles.

Nous admettons volontiers que la science fera encore de belles découvertes; nous ne nions pas qu'elle ne distinguera... nous sommes assurés qu'elle ne réalisera jamais un cercle carré ou un bâton à un seul bout; les lois nouvelles qu'elle découvrira se rattacheront à côté des anciennes mais jamais à l'opposé, car la nature ne saurait se contredire; elle opère avec régularité et lenteur et transforme la matière sans jamais créer d'énergie nouvelle; la science ne démentira jamais ces vérités essentielles et les phénomènes étrangers à cette marche ne seront pas naturels mais seront réels.

I. — Si les guérisons de Lourdes offraient un caractère de parenté, attestaient une catégorie de maux, apparaissaient dans des circonstances déterminées de temps et de lieu, comme les phénomènes de l'illusionisme; si l'on pouvait réellement repérer autour des guérisons un antécédent commun ou extraire de tous les faits authentiques quelque chose de commun aux uns autres conditionnés, on pourrait invoquer, avec une ombre de raison, quelque magnétisme, un ébranlement approprié avec lequel le corps humain se trouverait accordé. La cause précise pourrait échapper, mais une certaine régularité du phénomène assurerait de l'existence de cette cause et permettrait de l'imaginer.

Or, il n'en est rien; les effets se suivent sans règle apparente, ce sont des guérisons distribuées comme au hasard, à l'intérieur des édifices ou au dehors; dans l'ombre discrète des piscines, ou en plein soleil, durant la procession du Saint-Sacrement au bruit harmonieux des cantiques; le matin, à midi ou le soir; que le ciel soit radieux ou que la pluie tombe tristement; quelle que soit la maladie et quel que soit le malade, jeune ou vieux, enfant ou vieillard, croyant enthousiaste ou croyant timide et hésitant. Rien n'est requis, ni dans l'âme, ni dans la situation, ni dans l'infirmité, ni dans les circonstances extérieures, pour que la secrète influence entre en jeu et que l'effet se manifeste.

Et ce qu'il y a de plus frappant encore, c'est que la réunion de quelques conditions réputées utiles ne détermine pas plus son action que leur absence ne l'empêche : Voici un malheureux dont l'état est lamentable, la foi profonde, la prière ardente; on prie aussi autour de lui avec ferveur, et c'est le jour d'une grande manifestation religieuse qui remue tous les cœurs; si la guérison dépendait d'une ou plusieurs de ces circonstances morales comme l'effet d'une loi naturelle dépend de quelques circonstances physiques, on devrait la tenir pour assurée. Or, elle ne l'est pas; tous ceux qui ont suivi de près les événements de Lourdes savent bien qu'on ne peut jamais la promettre ni l'attendre avec certitude. Elle vient à son heure, avec une indépendance qui déjoue toutes les prévisions.

Bref, la loi est aveugle, c'est une sorte de machine dont l'effet est automatique. Au contraire la cause mystérieuse qui intervient autour de la Grotte est un agent souverainement libre, et que rien ne lie jamais.

II. — La nature procède avec lenteur; tous les corps vivants sont composés de plastides semi-fluides contenus dans des cellules qu'ils sécrètent eux-mêmes; et tout plastide actuel vient d'un plastide antérieur et celui-ci d'un autre et ainsi de suite, la nature ne produisant pas à la fois le fils et le père; c'est leur multiplication qui procure l'accroissement des tissus organiques; la restauration des tissus lésés suit évidemment la même loi que leur développement et de même qu'on ne verra jamais un nouveau-né prendre en 10 jours le corps d'un homme de trente ans ainsi la guérison d'une plaie organique ne s'opérera jamais sans le concours du temps. Dès qu'il y a chez un malade une solution de continuité dans les tissus, une destruction plus ou moins étendue de la matière vivante, il faut des soins prolongés pour guérir. En admettant même que parfois la volonté de guérir, spontanément élevée sous l'énergie de la foi, ou suggérée par un médecin habile hâte et favorise le retour des tissus lésés vers leur intégrité première, vers leur cicatrisation en un mot, cette volonté ne peut jamais supprimer entièrement les délais de la nature. Les guérisons instantanées de Lourdes ne peuvent pas être naturelles.

IV. — Enfin dans la nature il y a une quantité indéterminée d'énergie qui se transforme sans cesse, mais rien ne se fait de rien. L'ouvrier travaille sur le marbre ou sur le fer mais il lui faut du marbre ou du fer pour édifier un monument et le meilleur menuisier ne fera jamais la plus petite armoire sans le bois nécessaire. De même les organes vivants sont formés de cellules qui s'engendrent successivement sous la poussée de la vie; il n'y a jamais eu et il n'y aura jamais dans le domaine de la nature, une création, une production quelconque qui n'ait pas d'antécédents.

Voilà pourquoi les forces inconnues n'expliqueront jamais le cas de Lucie Renauld atteinte d'une atrophie musculaire de la jambe gauche rendant cette jambe plus courte de 10 cm; après un bain à la piscine le 24 août 1891, Lucie Renauld sort de deux jambes égales comme longueur et comme grosseur et la claudication disparaît instantanément; c'est une création véritable de muscles et d'os qui ne sera jamais expliquée naturellement.

Les miracles de Lourdes débordent le cadre des lois naturelles et révèlent manifestement d'une cause surnaturelle infinie en puissance et en bonté. C'est avec une sorte de dédain qu'ils se jouent de l'ancienneté de la profondeur et de la résistance du mal et les "forces inconnues" n'expliqueront jamais la simplicité des moyens employés et la grandeur des résultats obtenus, l'unité du remède et la diversité des maladies, la courte durée de l'application de l'agent curatif et la longueur des traitements indiqués par l'art ou la science et surtout la création absolue de matière nouvelle.

. . . . Ce dernier caractère est le cachet de la divinité. Si vous n'entendez pas s'élever vers la miséricorde divine l'immense clameur des misères humaines et les cris de reconnaissance s'élancer vers le ciel, au milieu d'une nature impassible, après les miracles obtenus, veuillez considérer au moins que seul le créateur peut créer et vous croirez.

                       S. Lamy.

Vu l'abondance des matières nous sommes obligés de reporter à notre prochain numéro l'article de Marcel Gennaro. Cela fait bien du contretemps à propos de bonne musique, mais nous comptons sur l'indulgence des lecteurs.

Sehnsucht nach Frieden. *La Paix chez soi* und der Kampf der Geschlechter

Isabella von Treskow

Häuslicher Frieden – wer wünscht ihn sich nicht? Dass dies Ziel gar nicht leicht zu erreichen ist, führt Georges Courteline mit *La Paix chez soi* spritzig vor Augen. Ein Paar streitet sich, Schlag geht auf Schlag, Replik auf Replik, sofern der Ehemann nicht in längere Ausschweifungen gerät und sich aus der heimischen Enge herausredet und davonträumt. Der Einakter zählt seit der Uraufführung 1903 zu den Erfolgskomödien des französischen Boulevard-Theaters und gilt als Bravour-Stück des „maître de la comédie" (*Destin de l'œuvre*, 252) Courteline, eines Meisters der Sprachkomik, der am 25. Juni 1858 in Tours zur Welt kam und am 25. Juni 1929 in Tours starb, nachdem er sich lange in Paris, später auch in Südfrankreich aufgehalten und Reisen nach Nordafrika, Spanien und Italien unternommen hatte.

Courtelines Stücke spielen zum größten Teil im bürgerlichen Milieu, vor allem in kleinbürgerlichen oder gutbürgerlichen Verhältnissen. Das 19. Jahrhundert als das Jahrhundert, in dem die bürgerliche Gesellschaft sich festigte, ist auch das Jahrhundert, in dem sich die gesellschaftlichen Sphären zwischen den Geschlechtern strikter als zuvor aufteilen. Wirksam wurde dies weniger in der Oberschicht und in der Arbeiterschaft oder auf dem Lande, wo Frau und Mann gleichermaßen zupacken mussten, als in der Mittelschicht. Industrialisierung, Bürokratisierung und Politisierung brachten mit sich, dass Männer im öffentlichen Raum, Frauen im privaten Raum zu agieren hatten. Männer wurden zuständig für Politik, Gesellschaft, Wirtschaft, Kirche, staatliche Bildung, Frauen für Haus, Familie und die Erziehung der Kinder, was Bildung angeht bis zu deren Eintritt in die Schule. Die Rechtsordnung passte sich im 19. Jahrhundert in Frankreich und Deutschland der

Erste Ausgabe von *Le Pour et le Contre* vom 16. Juli 1916
(Staatliche Bibliothek Regensburg, Signatur: IM/4Rat.civ.369)

Ausdifferenzierung der Räume und Tätigkeiten an, die patriarchale Ordnung konsolidierte sich über die Rechtsordnung. Die Verfassung der Dritten Republik in Frankreich von 1875 hielt z. B. fest, dass Frauen keine politischen Rechte besitzen durften. Frauen hatten auch noch am Beginn des 20. Jahrhunderts kein Recht auf freie Berufsausübung. Ihre Rechte auf Erbe und Besitz wurden im 19. Jahrhundert sukzessive eingeschränkt, die Bildungsvorstellungen und -ansprüche von Mädchen und Frauen lagen weit hinter jenen von Jungen und Männern zurück.

Es war Frauen in der Dritten Republik ab 1870 nur sehr begrenzt möglich, über eigene Geldmittel zu verfügen – und dies trifft ganz besonders auch für die Heldin im „Drama" *La Paix chez soi* zu, das gerade daraus seine Dramatik gewinnt. Die Frau ging von der Obhut des Vaters, manchmal auch des Bruders, in jene des Ehemanns über. Nicht verheiratet zu sein war im Übrigen eine Ausnahme und wurde als anormaler Zustand angesehen, während es nicht als anormal, lediglich als unglücklich galt, als Mann ledig zu sein. Valentine, die Heldin in *La Paix chez soi*, ist verheiratet, muss jedoch unter den gegebenen Umständen zu einigen Tricks und Mitteln greifen, um ihre Wünsche durchzusetzen, denn erst 1938, also kurz vor Ende der *Troisième République* wurde in Frankreich Frauen zugestanden, Rechtsgeschäfte im eigenen Namen und mit eigener Unterschrift ohne Vertretung und Beistand von Dritten durchzuführen.

Die soziale und rechtliche Lage der Frauen hatte sich folglich im 19. Jahrhundert eher verschlechtert denn verbessert, was wiederum Gegenbewegungen hervorrief. So gründete beispielsweise Hubertine Auclert 1876 die Gruppierung *Le Droit des femmes*, die sich 1883 in *Le Suffrage des femmes* umbenannte. Ziel dieser Vereinigung war nicht nur die Etablierung gleicher Rechte für Frauen und Männer, sondern auch eine Änderung der Geisteshaltung: Frauen sollten wie Männer Verantwortung im privaten wie im öffentlichen Bereich übernehmen dürfen und müssen. Dass diese Vorstellung lange brauchte, um eine Selbstverständlichkeit zu werden, ist bekannt.

Im 19. und beginnenden 20. Jahrhundert waren Männer im mentalen und sozialen System weniger Verboten als wiederum Zwängen ausgesetzt. Die Anforderungen an die Leistungsbereitschaft und Leistungsfähigkeit des Bürgers stiegen. Sie bezogen sich auch auf Bildung und den Erwerb von Spezialkenntnissen, darunter jenen einer nuancierten Sprache, die den Ansprüchen des Briefverkehrs in der Wirtschaft, des Rechtswesens und der Verwaltung genügte. Industrialisierung, Auffächerung der Tätigkeiten und Eifer, v. a. in Form von Fleiß, wurden Grundkriterien der Arbeitswelt. Arbeit ist dem Bürger etwas Anstrengendes und Ernstes. So sagt auch Trielle, der Held in *La Paix chez soi*, über seinen Broterwerb zur Gattin: „Si tu crois que je le fais pour mon plaisir, tu te trompes." (Scène 2, p. 178; „Wenn du meinst, dass ich es gerne mache, irrst du dich.") Die Pflicht zur Arbeit des Mannes steht hier im Kontrast zu den schlichteren Sorgen der Frau.

Das 19. Jahrhundert erlebte eine bis dahin ungekannte Aufwertung von Moral und sozialen Werten des einzelnen Menschen als Bürgers oder Bürgerin, die sich nicht mehr unmittelbar auf christliche Normen bezogen, sondern im Individuum selbst und eigentlich nur dort verankert zu sein hatten und dadurch einen anderen Charakter als den ursprünglich christlichen und einen anderen Charakter als allgemein humane Werte gewannen: Ehrlichkeit, Verlässlichkeit, Ordnungssinn, Ehre, Wirtschaftlichkeit hin zu Sparsamkeit, Sauberkeit (Hygiene), vorausschauendes Handeln, Selbstdisziplin. Um Ehrlichkeit, wirtschaftliche Haushaltsführung und Selbstbeherrschung kreist *La Paix chez soi*.

Hinzu kam die Forderung, Autoritäten fraglos anzuerkennen, die Stellung der eigenen Person in hierarchischen Systemen zu kennen und ihr kritiklos zuzustimmen, darunter das Patriarchat, und die Aufforderung an Männer, eigenständig zu denken und Führungskraft zu entwickeln, um politische Entscheidungen, auch berufspolitische Entscheidungen, initiieren oder mittragen zu können. In Frankreich schwankte die politische Verfassung im 19. Jahrhundert zwischen Monarchie und Demokratie, insgesamt vollzog sich ein Prozess der zunehmenden Politisierung. Die Zeitungen und Zeitschriften waren in dieser Epoche die wichtigsten politischen und meinungsbildenden Medien, sie kämpften für die Redefreiheit. Bekannt sind die Entwicklungsphasen der Dreyfus-Affäre, in der es nicht nur um die Verleumdung und damit verbundene Verurteilung des Artillerie-Hauptmanns Alfred Dreyfus 1894 ging, sondern auch um freie Meinungsäußerung, wie sie der offene Brief von Emile Zola vom 13. Januar 1898 in der Tageszeitung *L'Aurore* unter dem Titel *J'accuse* einklagte.

Zeitungen waren die intellektuellen Organe *par excellence* und bilden das Milieu, in welchem Trielle sich bewegt. Aus ihm bezieht er in mehrfachem Sinne seine Ressourcen. Trielle „produziert" als Feuilletonist Abenteuer- und spannungsgeladene Geschichten für eine Zeitung. Sie boten dem Bürger in einem durchchronologisierten und stark reglementierten Alltag die Möglichkeit, im Reich der Phantasie und der Kunst aufregende Herausforderungen zu durchleben, Naturkatastrophen zu bewältigen, Situationen auf Leben und Tod zu durchstehen, Konfrontationen von Reichtum und Armut standzuhalten, große Gefühle zu empfinden, durch Sensationen in den Bann geschlagen zu werden.

Für das Erlebnis von Sensationen zu sorgen, ist folglich das Geschäft des monsieur Trielle. An seiner Härte lässt Courteline keinen Zweifel. Zur Erhöhung seiner selbst und um sich den Anschein eines freien Geistes zu geben, hat Trielle sein Arbeitszimmer im Stil des Kabinetts eines *homme de lettres* des Zeitalters der

Lumières gestaltet. Der Schreibzwang, unter dem er steht, und die Autonomie des *philosophe* des 18. Jahrhunderts spiegeln sich in den wilden Papierstapeln und der Bebilderung aus Stichen vieldeutig wider (vgl. Scène 1, p. 172, Anweisung). Die Wirklichkeit von Trielles Erwerbstätigkeit sieht jedoch anders aus als die eines Denkers der Aufklärung: Viel verdient er nicht, er schreibt unter Zeitdruck und ringt um jede Zeile.

Die Unterschiede der Geschlechterrollen und der Geschlechtscharakterisierungen, d.h. der Vorstellungen davon, was Mann und Frau als Mann und Frau ausmachen, bilden den Grund, auf dem sich die Probleme in Courtelines *La Paix chez soi* entfalten: Sie ist Hausfrau, der Mann ist berufstätig. Sie ist „bonne ménagère" (Scène 2, p. 181), wie sie sagt, er verdient das Geld, er ist der Haushaltsvorsteher. Ihre Sphäre ist die der auf der Bühne nicht gezeigten Privatwohnung mit Küche und Salon, seine wird durch die Arbeitsstätte sichtbar. Das *bureau* verbindet ihn mit der Außenwelt des Verlags, der Zeitung und der Leser, also der Öffentlichkeit. Im Arbeitszimmer lernt die Zuschauerschaft ihn gleich zu Beginn als fleißigen Schriftsteller kennen. Damit sie zwischen den Eheszenen nicht vergisst, dass Trielle an sich Wichtigeres zu tun hat, als zu streiten, wirft er Valentine am Ende einer langen Beschwerde über die zahllosen Schwierigkeiten, die sie ihm bereitet – etwa ihre spitzen Bemerkungen –, mit den Worten aus dem Büro: „[…] le devoir m'appelle, l'heure me presse, et mon journal n'attend pas." (Scène 2, p. 188)

Dass das Publikum Trielle sieht, bevor Valentine auf den Plan tritt, dass die männliche Figur mit dem Nachnamen, die weibliche mit dem Vornamen bezeichnet wird – beides kann als Beitrag zu indirekter Hierarchisierung angesehen werden. Nicht nur über die soziale Stellung und die Rollenverteilung, sondern vor allem auch über den Sprachgebrauch werden nun die Figuren charakterisiert. Valentine bewegt sich auf einem umgangssprachlichen Niveau, spricht in den Registern des *langage populaire*, *familier* und *courant*. Trielle beherrscht die gesamte Bandbreite der Sprachregister, was symbolisch sein weites „Herrschaftsgebiet" demonstriert, äußert sich jedoch zumeist im gehobenen Standard, bedient sich der *registres courant* und *soutenu*. Besonders weisen Syntax, Lexik und Tempus auf Höheres hin. Einige Beispiele: „J'y songerai sur mes vieux jours." (Scène 2, p. 180); „[…] si tu dois me poursuivre de ta miséricorde […], jusqu'à ce que mort s'ensuive […]." (Scène 2, 184); „des discours dictés par la douceur et par la mansuétude mêmes … Peines perdues." (Scène 2, p. 185); „Va me la chercher, que je la contemple ! … que j'en grise mes yeux extasiés !" (Scène 4, p. 202). Er benutzt den Begriff „dextre" für die rechte Hand (statt „main droite"; Scène 2, p. 185) und bedient sich zwanglos eines „style juridico-politique" (Synthèse, p. 210). Das *passé simple* geht ihm leicht von den Lippen: „[elle] m'échappa" (Scène 2, p. 185), „je te pris par le fond de tes jupes" (Scène 2, p. 185) oder „chose qui ne fût point arrivé" (Scène 2, p. 188) sind hierfür einige Beispiele. Trielle stellt rhetorische Fragen. So kennzeichnen „M'en aller ? […] Mais où aller ?" (Scène 2, p. 187) z. B. einen Moment der Verzweiflung und Verlorenheit.

Während Trielle seine Entgegnungen gern in langen, geschwungenen, sich steigernden Phrasen und in Monologform vorbringt, reagiert Valentine in sehr kurzen und sehr einfachen Sätzen. Sie ist immer im Gespräch, immer auf ihren Mann bezogen. Ihre Forderungen und hämischen Bemerkungen unterstreicht sie oft mit einem zackigen „toc !" (ein kindliches „So!" oder „Jawohl!"). Trielle imitiert diese Angewohnheit recht gehässig. Zum *registre vulgaire* zählt, wenn Valentine ihren Gatten als „crasseux" und „sale grigou" (Scène 2, p. 183) oder schlimmer als „goujat" (Scène 2, p. 186) beschimpft, d.h. „schmutzigen und dreckigen Geizkragen" oder „Rüpel". „C'est le chat" (Scène 4, p. 197) als ironische Replik im Sinne eines „Was denn dann?" entstammt ebenso dem *registre familier* wie „Et mon œil ? Je ne te crois pas." (Scène 2, p. 183) oder das hilflose Gestotter „Hein ? Qui ? Quoi ? Qu'est-ce ?" (Scène 2, p. 182), als Trielle sie mit seinen detaillierten Zurechtlegungen überrascht. Dass Valentine nicht geladen ist, seine intellektuellen Weidegründe zu betreten, zeigt Trielles Reaktion auf ihren Aufschrei „Tu soupires après mon trépas !" (Scène 2, p. 190), eindeutig dem *langage soutenu* zugehörig. Einen solchen Wortgebrauch duldet Trielle nicht.

Trielle ist ein kultivierter Mann, der kühl abwehrt, von seiner – einfältigen – Frau mit Lord Byron verglichen zu werden, noch dazu abfällig (was ihn allerdings weniger stört!, vgl. Scène 2, p. 177). Er ist, als Höherstehender und als Schriftsteller zumal, Hüter der „guten" Sprache.[1] Blitzlichtartig integriert Courteline eine Warnung an die Frauen, nicht männliche Privilegien für sich reklamieren zu wollen, ähnlich wie die Komödie ja auch eine Warnung an alle ist, die sich das Konzept der Haushaltskasse mit autonomem Geist anverwandeln wie Valentine. Adäquatheit kann es zwischen Mann und Frau nicht geben, wo die Frau vor allem „dienen und gefallen" (Jean-Jacques Rousseau) soll, symbolisch trifft das auch auf die Domäne der Sprache zu, das Werkzeug des Verstands, und Bildung, auch solche historischer Tiefe. Entsprechend ist die Figur Trielle als Mann skizziert, der gerne auf klassisches Bildungsgut zurückgreift, z. B. wenn er das Mobiliar mit einem sich aus der Asche erhebenden Phönix vergleicht (vgl. Scène 2, p. 187) oder sinnierend

---

[1] Möglicherweise spiegelt sich darin eine Funktion, die der Autor sich auch zugemessen haben dürfte. Vgl. aus diesem Blickwinkel die Bestrafung für die „écarts de langage" (Scène 2, p. 182). Valentine ist Hüterin der Sprache nur für sich, vgl. Scène 2, p. 185: „Je n'ai pas l'habitude qu'on me parle sur ce ton-là."

die Moral der Äsopschen Fabel *Ein Fuchs und eine Bildsäule* auf Griechisch vor sich hinmurmelt (vgl. Scène 4, p. 204) – die Quintessenz seiner Erkenntnis? Gewiss wird der „écrivain de feuilletons" (p. 220) durch das sichtlich wahllose Streuen von Überbleibseln klassischer Kultur ridikülisiert. Aber logisch ergibt sich auch, dass die Ehe- und Hausfrau auf dieser Ebene gar nicht erst verspottet werden kann.

La Paix chez soi zeigt ein Paar in eskalierenden Sprachduellen. Trielle nennt sie antiquisierend „pugilats" (Scène 2, p. 188), „Faustkämpfe". Am Anfang fehlen dem Mann die Worte, am Ende der Frau. Ist die Frau am Anfang frech, ist am Ende der Mann impertinent. Fragt sie, als er ihr nicht das ganze Haushaltsgeld gibt: „Est-ce que tu deviens imbécile ?" (Scène 2, p. 181), so stellt er am Ende energisch und leicht spöttelnd fest: „Tiens, tu es trop bête, tu me désarmes !" (Scène 4, p. 203) Den Handlungsradius von Valentine kann er problemlos verringern, indem er die Übergabe des Mietzinses aus ihrem Zuständigkeitsbereich eliminiert (vgl. Scène 2, p. 180), dies mit der Begründung: „Ça te sera plus commode." (Scène 2, p. 180). Trielle legt mit diesem Akt exemplarisch die Bedingungen des Zusammenlebens fest. Das Paradox eines Systems, in dem die Frau aus den ihr gnädig gewährten Quellen wieder Rückzahlungen leisten soll, bleibt verschwommen. Der Gatte gilt als der Leidende, sobald sie Widerworte gibt oder sich in anderer Weise, hier zum Glück nur in Banalitäten, als unbotmäßig erweist. Courtelines Komödie steht daher in der Tradition der Frauendressur-Stücke, der Dompteurkunst im Shakespeareschen Sinne des *Taming of the Shrew* (vor 1593), der *Widerspenstigen Zähmung*. Unabhängig vom eigentlichen Stein des Anstoßes, der am Transfer des männlichen Einkommens in die weibliche Haushaltswelt ins Rollen kommt, geht es um die Unterordnung der Frau, idealerweise eine freiwillige Unterordnung.

Die Plausibilität der patriarchalen Ordnung, in der dem Mann die zweideutige Rolle als Vormund und Beschützer zukommt, verstärkt *La Paix chez soi* mit verbalen Infantilisierungen der Frau. Trielle nennt Valentine, mit der er nicht wenige Jahre verheiratet ist, „ma fille" (Scène 2, p. 184; vgl. a. Scène 4, p. 199: „Allons, va, ma petite fille, sauve-toi."), sah sich gezwungen, sie zu züchtigen wie ein Kind (Scène 2, p. 185 u. 186), fordert sie ungeduldig auf „Mouche ton nez !" (Scène 4, p. 203), zeigt sich barmherzig wie ein Vater mit „Patience, mon petit loup, patience" (Scène 2, p. 178) und fragt schelmisch-drohend, quasi mit erhobenem Zeigefinger, nach ihrer letzten Untat: „Regarde-moi un petit peu, Valentine. Tu as fait une bêtise ?" (Scène 4, p. 200).

Der *journaliste-romancier* Trielle ist ein Mann eloquent vorgebrachter Argumentreihen. Valentine ist eine Frau begrenzten Wortschatzes und impulsiver Entscheidungen, würden sie sie auch das Leben kosten (vgl. Scène 2, p. 189). *La Paix chez soi* lebt von der im 19. Jahrhundert stabilisierten Dichotomie Frau/Gefühl –

Mann/Verstand. Die weibliche Figur handelt spontan und lässt sich zu irrationalen Käufen hinreißen. Dafür ist sie auch anschmiegsam, setzt schließlich ihre Niedrigstellung körperlich um, schmiegt sich an seine Schulter, fügt Kindliches zu Weichem. Mariel Morize-Toussaint und Gabrielle Ordas-Pawnik nennen sie 2012 im Kommentar zum Stück zufrieden-anerkennend „câline" (p. 221). Da Valentine in der letzten Szene nicht mehr als böse und verletzend (vgl. p. 220, 221), als übellaunige, zänkische Xanthippe charakterisiert ist, sondern, wie gesagt, endlich zärtlich und verschmust ist und auch Trielle das Kämpfen lässt, stellt sich der häusliche Frieden zur rechten Zeit ein.

Jeder hat seinen Packen zu tragen. Die Frau verstellt sich, auf dem Mann liegt in dieser Konstellation die Bürde des Alleinverdieners. Trielle stöhnt darunter immer wieder. Er mag die Beschwernisse übertreiben, etwa wenn er sagt, dass seine Last schwerer, sein Schicksal schlimmer als das eines Minenarbeiters oder eines *terrassiers* sei (vgl. Scène 3, p. 194), d.h. eines Arbeiters, der Erdmengen transportiert, versetzt und plättet. Ironisch gemeint wird in solchen Einwürfen doch der Druck spürbar, dem er ausgesetzt ist. Verfügungsgewalt und Selbstwirksamkeit, wie es heute heißt, machen ihn zugleich glücklich, auch weil er Glück schenken kann. Trielle spricht von der „joie de te pouvoir donner un chez toi" (Scène 4, p. 198), der Freude, ihr ein (angenehmes) Zuhause bieten zu können. So bescheiden, wie es im Kommentar von Mariel Morize-Toussaint und Gabrielle Ordas-Pawnik heißt, ist Trielle übrigens nicht. Sicher, er weiß das Niveau seiner Ergüsse einzuschätzen, aber er weiß auch, dass er Talent hat, wenn er den Zorn seines Feuilleton-Helden in alttestamentlicher Manier und mit spannungsreicher Dynamik zu Papier bringt. Er geniert sich nicht, längere Passagen dem eigenen Ohr laut zum Vortrag zu bringen, ohne sie zu korrigieren. Wonnevoll liest er – natürlich dem Publikum, der Theaterlogik gehorchend, aber auch sich – den Schluss des Tageswerks vor, demonstriert, wozu Desillusion führen kann, deklamiert selig Hadern und Verzweiflung des *vieillard* mit dem schneeweißen Bart (Scène 1, p. 173, u. Scène 3).

So unzufrieden ist Trielle mit seiner Erzählung demnach nicht, und dass er fürs gemeinsame Heim sorgen und den Geldfluss vernünftig kanalisieren kann, trägt zu seinem Wohlbefinden bei. Ehrlichkeit, Verlässlichkeit, Ordnungssinn, Selbstdisziplin – Trielle weiß, was das bedeutet. Großzügigkeit, Vorsicht und Anständigkeit gegenüber Valentine konsolidieren die patriarchale Ordnung. Eine Partnerin auf Augenhöhe kennt Trielle nicht. Von der Idee, dass die Zuweisung von Geschlechtscharakteren zu Mann und Frau arbiträre Züge trägt, ist *La Paix chez soi* weit entfernt. Die Verfestigung der Geschlechterdifferenzen im bürgerlichen Zeitalter geschieht auch explizit ganz ungeniert in der Rede von „vous" und

„nous", also „den" Männern und „den" Frauen (vgl. Scène 4, p. 199: „Car avec vous, encore, il n'y a pas de milieu : si vous ne passez pas par nos mains, c'est nous qui passons par les vôtres.").

Es erstaunt, dass noch 2012 Valentine in einer literarischen Auslegung vorwurfsvoll als „bien peu aimante" („wenig zärtlich"; „Fiche d'identité", p. 7) präsentiert wird, wo offenbleiben muss, ob Trielle wirklich zärtlich ist. Wird Zärtlichkeit von ihm nicht erwartet? Oder drückt der Edelmut seiner letzten Windungen und Wendungen aus, wie liebevoll er ist? In einer aktuellen Erläuterung zu *La Paix chez soi* ist zu lesen, dass Trielle „hart arbeitet, um die Bedürfnisse einer verschwenderischen Frau zu befriedigen"[2] („Comment lire l'œuvre", p. 223), einer Frau, die eine Lampe kaufen möchte, keinen Beruf ausüben darf, kein Einkommen und kein eigenes Vermögen hat, sich in vielerlei Unterwerfungsgesten ergehen und Betrügereien erfinden muss, um diesen Kauf zu tätigen, stimmt nachdenklich. Der Vorwurf, sie sei eine „Müßiggängerin" ist billig,[3] bedenkt man den Wirkungskreis und Einflussbereich, der Frauen vor dem Ersten Weltkrieg zugestanden wurde. Den Protagonisten als bescheidenen und weitherzigen Mann und dessen Frau als übellaunig, streitsüchtig, dumm und naiv zu sehen, als eine Person, die ihren Gatten unmotiviert verletzt, anstatt seine Wohltaten gebührend anzuerkennen, die ihm demzufolge nicht die „épouse douce" („Comment lire l'œuvre", p. 221) ist, die er verdient – diese allzu sehr am Textbuch haftende Deutung überrascht.

Courtelines *La Paix chez soi* lebt von der Hochstilisierung von Unwichtigem zu Wichtigem. Vielleicht lebt die Komödie jedoch auch davon, dass hinter dem Mini-Drama, dem wir beiwohnen, ein größeres dräut. Ihr kommt zugute, dass Courteline im Milieu, in dem seine Stücke spielen, als scharfer „Beobachter der Gesellschaft" (vgl. Mazzocchi Doglio, 1991) der Realität viel genauer ins Antlitz blickt, als die sprühende Oberfläche uns ahnen lässt. Trielle und Valentine leben in getrennten Welten. Er würdigt nicht die Aufgaben, die ihr obliegen, er sieht nicht die Verantwortung, die sie übernimmt. Sie hat kein Gefühl für die Zwänge, die ihm auferlegt sind, keine Ahnung von den Mühen, täglich ein definiertes Pensum vorlegen zu müssen, zur schöpferischen Tat regelrecht genötigt zu sein. Trielle muss Selbstdisziplin demonstrieren, Valentine darf qua Geschlechtscharakter unüberlegt handeln, ihren Impulsen folgen, bis er sie wieder in die Schranken weist. Trielle hat in Valentine keine intellektuelle Partnerin, Valentine kann mit Trielle nicht ihre ökonomischen Dilemmata besprechen. Das Zahlungsmittel Geld

---

2 „[…] il travaille dur pour subvenir aux besoins d'une femme dépensière […]."

3 Es heißt, die „personnages féminins" von Courteline seien bis auf eine Ausnahme „oisifs" („Comment lire l'œuvre", p. 224).

ist das armselige Kommunikationsscharnier, an dem sich der Streit, damit die Leidenschaft des jungen Paars entzündet.

In der privaten Zweisamkeit mit klar konturierten Pflichten und Lizenzen, haben beide ihre Träume. Trielle sucht die Nähe zum Ideal des *homme de lettres*, Valentine wünscht sich ein kleines Quantum der Welt von Tausendundeiner Nacht. Ein unsichtbarer Gegenstand schwebt wie der materialisierte Geist einer spiritistischen Sitzung durchs Stück, „une lanterne à verres de couleur", eine Lampe mit farbigem Glasschirm, ein kostbares Objekt im Tiffany-Stil. Das Leitmotiv der Komödie verrät den Traum Valentines, dem klaren Hell des Tages und der glatten Ordnung zu entweichen, mit dem Licht, das durch die bunten Glasscheiben auf Tisch und Wände fiele, den Raum in warme Töne tauchen würde, mit der Verwandlung der gutbürgerlichen Welt in das Gemach eines Sultans oder rotsamtene Boudoir einer Odaliske (s. S. 102). Die Erwähnung der Lampe ist das Leitmotiv in *La Paix chez soi*, Symbol für Träumerei, für einen Hang zum Exotischen, für ein Fliehen der Gedanken und Wünsche, das die gesetzten sittlichen Grenzen nicht aufzuhalten vermögen. Allein, das Verlangen nach einem Zipfel orientalischer Weltvergessenheit und Hingabe wäre nur in Form eines Kleinformats und einer Imitation der Miniatur-Illusion zu haben – Valentine erwirbt ihre „lanterne à verres de couleur […] en imitation de fer forgé" (Scène 4, p. 201), also aus imitiertem Schmiedeeisen. Und selbst diese zerbirst, als sie sie zu Hause auspackt. Kein Wunder: Der Satz „Je me suis laissé tenter" („Ich habe mich in Versuchung bringen lassen.", Scène 4, p. 202) passt nicht ins Hier und Jetzt geordneter Verhältnisse.

La Paix chez soi – das bedeutet zunächst „der häusliche Frieden" (vgl. Scène 2, p. 188). Gemeint ist jedoch auch der innere Frieden, wie Trielle ihn sich wünscht (vgl. Scène 2, p. 186: „dans son petit intérieur une paix") und wie ihm sein Gewissen im Grunde gestattet: „je vis en paix avec moi-même" (Scène 4, p. 198). Dass in die Ehe dieser Frieden partout nicht Einzug halten will, dafür ist die Frau verantwortlich. Dem romantischen Bild von Partnerschaft, Ehe und darin der Funktion der Ehefrau entsprechend obliegt es dem weiblichen Part, für den Seelenfrieden aller, besonders aber des überlasteten Mannes zu sorgen. Auch in *La Paix chez soi* beendet zwar plakativ der Mann mit Großzügigkeit die Fehde, doch erst, nachdem die Frau wieder auf ihn zugekommen ist, um den Konflikt zu beenden (vgl. Scène 4, p. 196 u. 197). Courteline setzt damit die Ergänzungstheorie seiner Zeit in Szene, nach der eine liebende Frau qua Instinkt und Gefühl dem Mann angesichts dessen Leistungs-, Effizienz- und Rationalitätsstresses Erholung und Zuspruch geben kann.

In der unfreiwilligen Sicherheit des Kriegsgefangenenlagers gab es Sorgen um den funktionierenden Hausstand nicht, keine Frage, ob das Essen eine Viertel-

Ferdinand Max Bredt, Ruhende Odaliske
(Wikimedia Commons, gemeinfrei)

stunde früher serviert werden könne, keine häuslichen Kräche, aber auch keine niedliche Ehefrau. *La Paix chez soi* bringt den verbalen Schlagabtausch eines jungen Paares auf die Bühne. Der Titel ist doppeldeutig, da neben dem häuslichen auch der innere Frieden des Hausherrn gestreift wird. Zu Kriegszeigen nun klang die Formel „La Paix chez soi" sicher anders, zumal in den deutschen Kriegsgefangenenlagern, in denen Courteline als Erfolgsautor der *Belle Epoque* zu sehen war. Dessen *Paix chez soi* gehörte zu den beliebtesten Stücken seiner Zeit, wurde das ganze 20. Jahrhundert hindurch gespielt und auch mehrmals verfilmt. Dass das Boulevard-Theater als politisch harmlos galt und Courtelines Komödien auch für Laien als spielbar, erleichterte ihren Einzug in die Theaterräumlichkeiten der Gefangenenlager, in denen französische Soldaten interniert waren. In Amberg-Kümmersbruck wurde *La Paix chez soi* am Sonntag, dem 7. November 1915, nachmittags um 16.00 Uhr, und in Regensburg auf dem Unteren Wöhrd am 30. Januar 1916 und am 24. April 1916 zur Eröffnung der „Saison d'été" aufgeführt. „Frieden zuhause" kann der Titel auch übersetzt werden, was hieße, „Frieden in Frankreich" oder genereller „Frieden bei sich", dort, wo man ist. *La Paix chez soi* wurde zur selben Zeit an der Front als Militärtheater gespielt („Fiche d'identité", p. 16). Für die französischen Soldaten an der Front barg der Titel noch viel mehr als im fernen „Exil" eine Anspielung auf den Frieden im eigenen Land.

La Paix chez soi ist ein Feuerwerk aus Witz und untiefen Tiefen. Dass unter den gegebenen Umständen im Kriegsgefangenenlager die Rolle der Ehefrau Valentine von einem Kameraden übernommen werden musste, trug wahrscheinlich zur Heiterkeit bei. In Regensburg spielten Paul Lasternas, im Zivilleben Jurist, den Feuilleton-Schriftsteller Trielle und Emile Bertin dessen Gattin Valentine (s. Programm/Abb. auf S. 105–111). Der aus Paris stammende *Caporal* Bertin übernahm im Kriegsgefangenenlager Regensburg auch andere Frauenrollen, z. B. Monique in *La Flambée* (1911), ein Stück von Henry Hubert Alexandre Kistemaeckers, gen. Henry Kistemaeckers Sohn. Emile Bertin fungierte damit in der Truppe des Gefangenenlagers, den *Ratis-Bouffes*, offenbar als sog. Damendarsteller (vgl. Köhne/Lange/Vetter).

Über die Lächerlichkeit der Sorgen von Trielle und Valentine, über die Scharmützel des Pariser Paars konnten die Soldaten auf der Wöhrd-Insel in der Donau wohl nur den Kopf schütteln. Möglicherweise erschienen ihnen dadurch eigenes Kleingezänk der Vergangenheit und Gegenwart in einem anderen Licht. Man bedenke die äußerst schwierige, schwer auszuhaltende Situation, in der sie sich befanden: Enge, räumliche Limitierung, zeitliche Vorgaben des Tagesablaufs bei völliger Ungewissheit über die Dauer der Kriegsgefangenschaft, Krankheiten und Mangellage, Fremdbestimmung, Zwangsarbeit, Unsicherheit bezüglich der Vorgänge in der Heimat, Monotonie … Waren aber die „Probleme" des Feuilleton-Romanciers auch von ihrer Situation weit entfernt, so standen ihnen doch das juristisch-administrative Vokabular und bürokratische Härte, ja der gesagte behördliche Umgang mit Menschen nahe. Zwischen den leichten Stücken von Georges Courteline und einem Roman wie *Der Prozeß* von Franz Kafka aus dem Jahr 1915 (unvollendet) liegen Welten – außer an diesem Punkt. Zu Beginn des 20. Jahrhunderts zeigt die Literatur, wie wir auch in *La Paix chez soi* erleben, eine eigene Sensibilität für die „Verwaltung" des Einzelnen in der modernen Gesellschaft. Sie prägt auch die militärisch-organisatorische Durchtaktung der Kriegsgefangenschaft, in die die meist jungen Männer durch den Weltkrieg verschlungen worden waren. Den Blick in die Zukunft zu richten, in eine neue Phase, in einen besseren „Lebensabschnitt", fern der Trümmer der Gegenwart, fern der Toten, fern des Schlachtens und Mordens, diese Idee mag ihnen mit dem letzten Satz der Komödie gekommen sein und etwas Hoffnung vermittelt haben: „La suite au prochain numéro." (Scène 4, p. 205) – Fortsetzung in der nächsten Ausgabe.

Literatur zum Thema

Georges Courteline, *La Paix chez soi et autres pièces*. Édition présentée, annotée et commentée par Mariel Morize-Toussaint et Gabrielle Ordas-Piwnik. Paris: Larousse, 2012.

Asholt, Wolfgang, *Gesellschaftskritisches Theater im Frankreich der Belle Époque (1887–1914)*. Heidelberg: Winter Universitätsverlag, 1984.

Elisabeth Badinter, *XY. De l'identité masculine*. Paris: Editions Odile Jacob, 1992.

Isabelle Bernard, *Le Théâtre de Courteline*. Paris: Larousse, 1978.

Pierre Bornecque, *Le Théâtre de Georges Courteline*. Paris: Nizet, 1968.

Silvia Bovenschen, *Die imaginierte Weiblichkeit. Exemplarische Untersuchungen zur kulturgeschichtlichen und literarischen Präsentationsform des Weiblichen*. Frankfurt a. M.: Suhrkamp, 1979.

Karin Hausen, „Die Polarisierung der ‚Geschlechtscharaktere' – Eine Spiegelung der Dissoziation von Erwerbs- und Familienleben", in: *Sozialgeschichte der Familie in der Neuzeit Europas*, hrsg. von Werner Conze. Stuttgart: Klett, S. 363–393.

Karin Hausen, *Geschlechtergeschichte als Gesellschaftsgeschichte*. Göttingen: Vandenhoeck & Ruprecht, 2012.

Emmanuel Haymann, *Courteline*. Paris: Flammarion, 1990.

Françoise Héritier, *Masculin-Féminin*. 2 Bde. Bd. 1: *La pensée de la différence*. Bd. 2: *Dissoudre la hiérarchie*. Paris: Odile Jacob, 1996.

Stefan Horlacher (Hrsg.): *Wann ist eine Frau eine Frau – „Wann ist der Mann ein Mann?" Konstruktionen von Geschlechtlichkeit von der Antike bis ins 21. Jahrhundert*. Würzburg: Königshausen und Neumann, 2010.

Julia B. Köhne/Britta Lange/Anke Vetter (Hrsg.), *Mein Kamerad – die Diva. Theater an der Front und in Gefangenenlagern des Ersten Weltkriegs*. München: Edition Text + Kritik, 2014.

Eva Krivanec, *Kriegsbühnen. Theater im Ersten Weltkrieg. Berlin, Lissabon, Paris und Wien*. Bielefeld: Transcript-Verlag, 2012.

René Lalou, *Le théâtre en France depuis 1900*. Paris: Presses Universitaires de France 1965 [1951].

Mariel Morize-Toussaint/Gabrielle Ordas-Piwnik, „Fiche d'identité", „Comment lire l'œuvre", „Synthèse", „Destin de l'œuvre", Commentaires, in: Georges Courteline, *La Paix chez soi et autres pièces*. Édition présentée, annotée et commentée par Mariel Morize-Toussaint et Gabrielle Ordas-Piwnik. Paris: Larousse, 2012.

Mariangela Mazzocchi Doglio, „Courteline peintre de la médiocrité humaine", in: *Cahiers de l'Association internationale des études francaises*, 43 (1991), S. 183–200, in: http://www.persee.fr/doc/caief_0571-5865_1991_num_43_1_1761 (10.10.2016)

Denis Saillard, „Le théâtre de boulevard à la *Belle Époque* en France et en Italie", in: *Vingtième Siècle – Revue d'Histoire* 93 (2007), S. 15–26.

Titelseite der Programmkarte aus dem Lager Amberg-Kümmersbruck vom 7. November 1915
(Staatsarchiv Amberg, Signatur: Archiv Freiherren von Brand 1277s)

Programmkarte aus
dem Lager Amberg-
Kümmersbruck
vom 7. November 1915
(Staatsarchiv Amberg,
Signatur: Archiv Freiherren
von Brand 1277s)

RATIS-BOUFFES   SAMEDI 29 JANVIER 1916
DIRECTION : LASTERNAS   CO

Conférence par Felix IMBRECQ avec auditions de scènes tirées de
(Le Vieil Horace : Lasternas ; Horace : Cardon ; Curiace : Carton ; Valère : Le Floquais ;

DIMANCHE 30 JANV
(PRIX

PROG

I

1. — Dans le Hall du roi des Montagnes (Grieg)............Orchestre.
2. — La monnaie de 5 francs (monologue comique)...........Béguel.
3. — La nuit d'Hôtel (chansonnette montmartroise)..........Girault.
4. — Aux petits enfants (A. Daudet) poésie................Bertin.
5. — Berceuse à Maryvonne. (Botrel.).....................Armand.
6. — L'orange. (X) drame...............................Girault.
7. —   VIEUX MARCHEURS
     (Scène réaliste, de Georges Tournié.)
           (Musique de C. Barthélémy)
     Titine du Sébasto.................Mlle...... Sotier
     1er Vieux Marcheur...........................Montel
     2e Vieux Marcheur...........................Riallot
  ..peau au Théâtre (Zamacoïs) monologue...........Lasternas.
  ..nen (Bizet) fantaisie..........................Orchestre.

          L'ASILE DE NUIT
     (Comédie en 1 acte, de Max Maurey)
     Le Directeur, Mr Rondin..................Cardon.
     Haps......................................Délannoye.
     Ma Soupe..................................Riallot.

II

..o (Kölher)......................................Orchestre.
..pin de la dame (chansonnette)...................Girault.
..toiles (Lavedan) poésie.........................Bertin.

Décors et Accessoires de Lefèbu
Costumes de la Maison Doucet, Paris, Chape
Perruques de Charron et Gitton

Programmkarte aus dem Lager Regensburg vom 30. Januar 19
(Staatliche Bibliothek Regensburg, Signatur: IM/4Rat.civ.368

(Entrée Gratuite) RATIS-BOUM-BOUM
DIRECTION : Gennaro

...ue : Lasternas ; Rodrigue : Bertin ; Le Comte : Cardon) et d'Horace
...in ; Sabine : Chef d'hôtel ; Julie : V. Prévost ; Flavian : Beaujorā.)

6 à 6 Heures précises
...es)

AMME
(Suite de la II.e partie)
Je vous ai tant aimée (Romance)................Armand.
Le Temps qui passe (poésie)...................Lasternas.
- Les deux canards...........................Girault.

DOCTORESSE ET COUTURIER
(Comédie en 1 acte, de J. Berr de Turique)
Léopoldine Péricarde........M.lle V. Prévost.
Chéri Taffetas...............Lasternas.

Dans ma mansarde (chansonnette)...............Bé...
Guillaume Tell (Demerssemann) Fantaisie pour { Pier...
                 flûte et clarinette.   { Va...

LA FOLIE DES GRANDEURS
(Comédie en 1 acte, de Yves Mirande)
Octave.........................Cardon.
Le Créancier....................Delannoye.
La Concierge..............M.lle Girault.
La Loute......................Vinet.

III
Danse slave (Dvorak).........................Orches...
LA PAIX CHEZ SOI
(Comédie en 1 acte, de Courteline)
Valentine..............M.lle Bertin.
Trielle...................Lasternas.
- Effusions (air du XIII.e siècle)................Orches...

...llet et Brinon.
...son Marie Crozet, Paris. (Adaptations de Darbefeuille.)
...ectricité de Garnesson.

RATIS=BOUFFES — RATIS=BOUM=BOUM

Saison d'Été 1916

Direction P. Lasternas — Direction M. Gennaro

PROGRAMME

I

La Sorcière (Dormoy) — Orchestre

LE PETIT BABOUIN
Comédie en un acte d'André Mycho.

Babouin	M.M. Cardon	Le Poète	M.M. Montel
Mauclerc	Le Flaguais	Le nègre	Gélubé
Peticu	Lenicolas	Le Maire	Tournié
L'ouvrier	Beaujard	Moisson	Ribémon
Son copain	Riallot	Du vinaigre	Payen
Le boucher	Béguel	La femme du copain	Melle Brignon

Si je t'adore, valse (A. Zurfluh) — Orchestre

II

Ouverture de "Poète et Paysan" (Suppé) — Orchestre

LA PAIX CHEZ SOI
Comédie en un acte de G. Courteline

Trielle M. Lasternas | Valentine Melle Bertin

Happy holidays! (Buridant) — Orchestre

III

Czardas N° 10 (Michiels) — Orchestre

L'ANGLAIS TEL QU'ON LE PARLE
Vaudeville en un acte de Tristan Bernard

Eugène	M.M. Cardon	Betty	M^{elles} Bertin
Hogson	Lenicolas	La caissière	Reyssier
Julien Cicandel	Le Flaguais	Un agent de police	M.M. Garnesson
Un inspecteur	Ribémon	Un garçon	Riallot

La Piquetta (Vaux) — Orchestre

RATISBONNE, 24 AVRIL 1916 (N° 1)

Postkarte. Szene aus der Aufführung von *La Paix chez soi* im Kriegsgefangenenlager Niederzwehren bei Kassel (Privatbesitz)

Programmkarte aus dem Lager Regensburg vom 24. April 1916
(Staatliche Bibliothek Regensburg, Signatur: IM/4Rat.civ.368)

La Compagnie des Camaïeux

Françoise Höcherl

La Compagnie des Camaïeux a été fondée à Munich en 1985. Depuis cette date, elle propose chaque année un spectacle en langue française choisi dans le répertoire classique : Molière, Marivaux, Alfred de Musset, Eugène Labiche, Georges Feydeau, René de Obaldia, Sacha Guitry, Eugène Ionesco etc. Elle s'adresse à un public désireux de découvrir ou de redécouvrir les auteurs français dans la langue originale.

La compagnie présente ses spectacles dans différents théâtres munichois et dans le cadre de l'Université ou de l'Institut Français. Lors de ses déplacements elle a joué dans de nombreuses villes telles Berlin, Nuremberg, Karlsruhe, Vienne, Salzbourg, Graz, Bruxelles et d'autres.

Son dernier spectacle est consacré au Vaudeville. Qu'est-ce que le Vaudeville ?

A l'origine, c'est une pièce entrecoupée de chants ou de ballets, une sorte de comédie musicale où les parties chantées sont peu nombreuses. Avec Eugène Labiche et Georges Feydeau, le Vaudeville triomphe sous le Second Empire. Peu à peu les parties chantées ne sont plus à la mode et disparaissent.

Dans cette tradition Georges Courteline domine la scène en nous présentant avec ironie les ridicules de la vie bourgeoise et administrative de son époque. Son génie est de faire rire le public tout en attirant la sympathie pour ces personnages si humains. Son théâtre entre au répertoire de la *Comédie Française* en 1910. En 1916 il est élu à l'académie Goncourt. Il meurt en 1929. Sa tombe se trouve au fameux cimetière du Père-Lachaise à Paris.

Bilder aus den Proben
(Trielle: Matthieu Charpentier,
Valentine: Hélène Badault,
Mise en scène: Françoise Höcherl)

Rund um den „häuslichen Frieden":
Les Ratis-Bouffes und das Lagertheater am Unteren Wöhrd

Dominik Bohmann

Georges Courteline weckt mit dem Titel seines Einakters, *La Paix chez soi (Der häusliche Friede)*, Assoziationen an eine heile Welt im Kleinen. Diese wird im Fortgang der Handlung durch den andauernden Streit der Eheleute ironisch gebrochen, bevor am Ende, dem in seiner Grundhaltung gerne mehr reaktionär statt revolutionärem Boulevard-Theater gemäß die Versöhnung und das (Wieder-)Eintreten des „paix chez soi" steht.[4] Diese Struktur steht in Teilen sinnbildlich für die Theaterbühnen in den Gefangenenlagern des Ersten Weltkriegs und nicht weniger für die Regensburger Internierten-Bühne.[5]

Das Einrichten einer aus dem zivilen Leben bekannten kulturellen Institution, deren Wesen durch eine gewaltfreie, im Wortsinne spielerische, da mögliche Realitäten inszenierende Werteverhandlung bestimmt wird, steht für den Wunsch nach einer heilen Welt im Kleinen. Diese wird in den Aufführungen in mehrfacher Hinsicht gebrochen: Hinsichtlich des Settings, da es auch in Regensburg keine weiblichen Darsteller gab und alle Rollen von Männern übernommen werden mussten.

---

4   Zum (Boulevard-)Theater dieser Zeit vgl. Asholt, Wolfgang, Gesellschaftskritisches Theater im Frankreich der Belle Epoque (1887–1914). Heidelberg: Carl Winter Universitätsverlag (=Studia Romanica; 59), 1984; Brunet, Brigitte, Le théâtre de boulevard. Paris: Nathan, 2004.

5   Zum Regensburger Lager und seiner Aufarbeitung siehe auch die Beiträge „Das Kriegsgefangenenlager am Unteren Wöhrd während des Ersten Weltkrieges" von D. Bohmann und „Captif je suis…Gefangenschaft und kulturelles Leben französischer Soldaten im Ersten Weltkrieg in Regensburg" von Isabella von Treskow im Sammelband von Bernhard Lübbers und Stefan Reichmann, Regensburg im Ersten Weltkrieg. Schlaglichter auf die Geschichte einer bayerischen Provinzstadt zwischen 1914 und 1918. Regensburg: Morsbach (=Kataloge und Schriften der Staatlichen Bibliothek Regensburg, Bd. 10) 2014, S. 139–153 und 119–137 sowie https://mitten-im-krieg-1914-18.net.

Natürlich „rekrutierte" sich auch das Publikum nicht aus einer breiten Öffentlichkeit, sondern aus der geschlossenen Gruppe der Internierten. Einen tiefer gehenderen Bruch mit der heilen Vorkriegswelt bereitete die Stückauswahl, die bisweilen den Finger in die Wunde legte, indem sie Gerechtigkeit, Schuld oder das Versagen bürgerlicher Moral thematisierte.[6] So gaben auch scheinbar oberflächliche Boulevardstücke Denkanstöße über die Situation, in der sich die Gefangenen befanden. Wenn jedoch der Vorhang am Ende einer Vorstellung – für das Boulevard-Theater bedeutet das in der Regel auch nach einem glücklichen Ausgang der Handlung – fiel, verließen die Internierten das Theater trotz Allem wohl weniger in erhitzter und zu Rebellion und Aufstand aufgewiegelter Stimmung, denn kathartisch gelöst: Man war froh, ein Stück bekannte Kultur geschaffen und genossen zu haben, die Zeit zumindest ein paar Stunden nicht in düsterer Langeweile, sondern eigenverantwortlich und damit in der Reflexion sinnvoll verbracht zu haben.

Dass die Kriegsgefangenen stolz auf ihr Theater waren, ist nicht zuletzt mit einer anderen lagerkulturellen Institution zu belegen, mit der Interniertenzeitung *Le Pour et le Contre*. Darin findet sich eine Vielzahl an Beiträgen von dokumentarischem Charakter, die die Redaktion am 11. Februar 1917 in Nr. 31 wie folgt begründet:

> Zahlreiche Gründe hindern uns daran, uns über die Gegenwart auszulassen; dafür werden unsere Leser aber in der Sammlung der Zeitung einen vollständigen Kursus der Alten Geschichte finden: Historisches über Regensburg, Notizen über das Lager, den Ofen, die Schulen…wobei wir noch auf die [Beiträge über die] Kapelle, die Musik, die Lagerhilfestelle warten.
> In 50 Jahren, wenn wir ziemlich alt und „unsere schwarzen Haare weiße Haare" sein werden, während Wintertagen wie diesen, werden wir in der Ecke am Feuer sitzen und uns Geschichten erzählen, die wie folgt beginnen werden: „Als ich in dieser besch…– Verzeihung, in dieser bezaubernden Stadt Regensburg war…", aber an diesem Punkt angekommen, wird uns das Gedächtnis vielleicht gänzlich den Dienst versagen und mit rechtem Stolz werden wir, die Brille auf der Nase, in Le Pour et le Contre die alten Geschichten wieder lesen, deren Helden wir sein werden.[7]

---

6 Etwa mit der Auswahl bestimmter Szenen aus Molières *Femmes savantes*, mit der Aufführung Eugène Brieux' *La Robe rouge* oder dem spezifischen Korpus der Boulevardstücke, vgl. hierzu auch Asholt, Wolfgang, „Ein Modell des Vaudeville-Boulevardtheaters: *L'Affaire de la rue de Lourcine* von Eugène Labiche", in: von Treskow, Isabella/Lübbers, Bernhard (Hrsg.), Theater und Musik im Kriegsgefangenenlager Regensburg. *Die Affäre Rue de Lourcine* von Eugène Labiche und ausgewählte Musikstücke. Regensburg: Kleine Schriften der Staatl. Bibliothek, Bd. 6, 2016, S. 18–26.

7 Übersetzg. durch den Autor, D. Bohmann, i. Orig.: „De multiples raisons nous empêchent de nous étendre sur le présent ; en revanche nos lecteurs trouveront dans la collection du journal un cours complet d'Histoire ancienne : Historique de Regensburg, Notes sur le camp, Le Fourneau, Les Ecoles…en attendant la chapelle, la musique, le Bureau de secours.

Selbstreflexiver Beitrag der Redaktion von *Le Pour et le Contre* in Nr. 31, 11.2.1917, S. 3
(Staatliche Bibliothek Regensburg, Signatur: IM/4 Rat.civ. 369)

Was nun, nicht nur fünfzig, sondern einhundert Jahre später in der Nummer 34 der Lagerzeitung vom 4. März 1917 über das Theater zu lesen ist, lässt erstaunen: Nachdem Mitte 1915 neue Baracken errichtet wurden, erhofften sich die Regensburger Gefangenen nach dem Beispiel anderer Lager ein eigenes Theater. Einem entsprechenden Antrag gab der Lagerkommandant statt, sodass mit Spendengeldern erste Umbaumaßnahmen der Halle IX in Angriff genommen werden konnten, in der vor dem Bau der Kapelle Gottesdienste begangen wurden und die auch den Musikern als Übungsraum diente. Bis zum Jahresende wandelten die Internierten diese Halle in Eigenverantwortung in einen Theatersaal mit 444 Sitz- und 300 Steh-

> Dans cinquante ans, quand nous serons bien vieux et que nos „cheveux noirs seront des cheveux blancs", par des journées d'hiver comme celles-ci, nous serons au coin du feu et nous raconterons des histoires qui commenceront toujours ainsi : „Du temps que j'étais dans cette coquine – pardon – dans cette coquette ville de Regensburg..." mais arrivée à ce point, la mémoire peut-être refusera tout service, et avec une fierté légitime, les lunettes sur le nez, nous relirons dans ‚le Pour et le Contre' ces vieilles histoires dont nous aurons été les héros."

Französische Kriegsgefangene musizieren in der Kapelle des Kriegsgefangenlagers, Lager Regensburg (Sammlung Fred Wiegand)

plätzen um. An Heiligabend feierte man den Erfolg des ersten Stückes, der eine rege Saison bis Mitte August 1916 einläuten sollte. Insgesamt wurden mindestens 43 Aufführungen gezeigt, darunter 40 Ein- oder Zweiakter, 14 Stücke mit 3 bis 4 Akten und 12 Konferenzen zu Geschichte oder Literatur. Die Requisiten wurden aus einfachsten Mitteln selbst gestaltet oder wie auch die Dramentexte aus Frankreich und von Hilfsorganisationen zugesandt. In der Lagerzeitung kündigte man die Vorstellungen eine Woche vorher an und besprach sie anschließend in Kritiken, den *Chroniques théâtrales*. Der auf diese Weise unterstützte Erfolg brachte hohe Einnahmen aus den Eintrittsgeldern, die man wiederum der Lagerinfrastruktur zukommen ließ, etwa indem man das Denkmal für die gefallenen Kameraden finanzierte.

Die rasche Auflösung der Theatergruppe, die sich in Anlehnung an die berühmte Pariser Truppe *Bouffes-Parisiens* und den französischen Namen Regensburgs *Ratisbonne Ratis-Bouffes* nannten,[8] ist auf zwei Gründe zurückzuführen: Zum

---

[8] Vgl. Isabella von Treskow, „Haltung wahren. Loslassen. Zum Theaterspiel und der Aufführung der *Affaire de la rue de Lourcine* im Kriegsgefangenenlager Regensburg (1914–1918)", in: dies./Lübbers (Hrsg.), Theater und Musik im Kriegsgefangenenlager Regensburg, S. 27–41, hier S. 34–5.

NOTRE CHAPELLE

Artikel über das Lagertheater
(Staatliche Bibliothek Regensburg, Signatur: IM/4Rat.civ.369)

einen wurden lagerkulturelle Aktivitäten im Zuge von wechselseitigen Repressionsmaßnahmen in der Gefangenenbehandlung in Deutschland und Frankreich zeitweilig verboten. Zum anderen bereiteten die zunehmenden Arbeitsdienste große Probleme. So schloss das Regensburger Theater nach einem halben Jahr intensiver Spielzeit Ende August 1916 zunächst auf unbestimmte Zeit seine Türen. Zu Weihnachten desselben Jahres findet nochmals eine viel bejubelte Vorstellung statt, die Hoffnung auf einen wiedereinsetzenden regelmäßigen Spielbetrieb wurde aber enttäuscht: „les Ratis-Bouffes avaient vécu", lautet das enttäuschte Resümee in der Lagerzeitung.[9]

La Paix chez soi wird von den *Ratis-Bouffes* mindestens zweimal aufgeführt, es liegen Programmkarten vom 30. Januar und 24. April 1916 vor. Paul Lasternas spielte dabei Trielle, die Rolle Valentines übernimmt „Mademoiselle Bertin" (das „Fräulein" ist ironisch und vor dem Hintergrund des bisweilen sexuell aufgeladenen Umgangs mit den männlichen Damendarstellern zu lesen)[10]. Paul Lasternas, geboren am 3. September 1886 in St. Sulpice d'Excideuil (Dordogne), diente als *Sergent* in der 4. Kompanie des 31. Infanterieregiments an der Front und taucht Ende 1915 als Kriegsgefangener in den Listen der bayerischen Armee auf. Im September 1915 wurde er im Katholischen Krankenhaus Regensburg wegen eines Hautausschlags behandelt. Von Januar bis Mai 1916 wird er auf den Programmkarten des Lagertheaters als Direktor angeführt, er schrieb in den ersten Nummern der Lagerzeitung im Juli 1916 die Theaterkritiken. In der Nummer 20 vom 26. November 1916 wird er von einem Karikaturisten als großer Strippenzieher der Theatergruppe verewigt (s. S. 121), die schweren, vor ihm liegenden Bücher scheinen eine Andeutung seiner zivilen Laufbahn als Jurist zu sein, schließlich ist eines mit der Aufschrift *Code pénal* versehen, dem Titel des auf Napoleon zurückgehenden französischen Strafgesetzbuches. Im Laufe des Jahres 1917 wurde Lasternas nach Alten-Grabow verlegt. Ein Artikel in der Pariser Theaterzeitschrift *La Rampe* berichtet am 6.9.1917 über sein Engagement beim dortigen Lagertheater, genauer, er habe *Les deux Canards* von Tristan Bernard auf die Bühne gebracht, ein Stück, das er bereits am 16. Januar 1916 in Regensburg inszeniert hatte.

Zum Jahreswechsel 1917/18 wurde Lasternas über Konstanz nach Bern gebracht, auch dort scheint er sich kulturell betätigt zu haben, wie ein Bericht des

---

9   Le Pour et le Contre, Nr. 34 (4.3.1917), S. 3.
10 Vgl. Köhne, Julia B./Lange, Britta/Vetter, Anke (Hrsg.), Mein Kamerad – die Diva. Theater an der Front und in Gefangenenlagern des Ersten Weltkriegs. Berlin: Schwules Museum*/München: edition text + kritik, 2014.

in der Schweiz erscheinenden *Journal des Internés Français*[11] über eine Veranstaltung belegt, in der sich Lasternas als Absolvent des Pariser Konservatoriums musikalisch beteiligte. Wiederum ein Jahr später, Ende Januar 1919, gewann Lasternas seine Freiheit zurück. In Paris wurde er schließlich als Anwalt für die große Französische Wochenzeitung *L'Illustration* tätig und arbeitete eng mit Louis Baschet, der als zweiter Mann neben seinem Vater René Baschet die Zeitung von 1924 bis 1944 leitete, und René Lefébure zusammen, der die Baupläne für eine große neue Druckerei entwarf. Beide waren ehemalige Mit-Internierte aus Lasternas' Zeit in Regensburg – Lefébure kümmerte sich damals sogar um das Bühnenbild und zeichnete die Programmkarten für das Theater.[12]

Weit weniger ist über den Schauspieler, der in den Aufführungen von *La Paix chez soi* die Damenrolle übernimmt, bekannt. „Mademoiselle" Bertin ist wohl der Pariser Emile Bertin, *Caporal* der 12. Kompanie des 131. Infanterieregiments. Ab Ende August wurde er in Longwy (Departement Meurthe-et-Moselle) vermisst, im September 1915 ist er zur Behandlung einer Verletzung am rechten Bein im Regensburger Hilfslazarett in der Pestalozzischule gelistet. Valentine aus *La Paix chez soi* war nicht seine einzige Damenrolle. Wie in *La Rampe* nachzulesen ist, spielte er auch in der Aufführung eines Aktes aus *La Flambée* von Henry Kistemaeckers eine weibliche Figur; Lasternas übernahm dabei wieder das männliche Gegenüber.[13]

Auch über andere wichtige Akteure der *Ratis-Bouffes* wie dem Schauspieler, Kritiker und Chronisten Louis Carton (aus Bordeaux stammend und *Sergent* des 220. Infanterieregiments) oder dem aus dem Berufsstand der Theaterleute kommendem Charles Cardon, der für die außerordentlichen Weihnachts- und Neujahrvorstellungen die Regie übernahm und für sein professionelles Wissen wie für sein südfranzösisches, schwungvolles Temperament in höchsten Tönen gelobt wird,[14] haben sich zumindest zum gegenwärtigen Stand der Forschungen keine Informationen über ihr Mitwirken am Theater hinaus erhalten. Mit einem anderen Blick auf die Dinge ließe sich jedoch auch formulieren, dass man sich nur durch das Lagertheater und die dazugehörige Berichterstattung einhundert Jahre nach ihrem Wirken in Regensburg wieder an sie erinnert – ganz wie es sich die Redakteure der Lagerzeitung ersehnt hatten.

---

11 Journal des Internés Français. Hebdomadaire illustré, publ. sous le haut patronage de l'Ambassade de France en Suisse, Nr. 13 (27.1.1918), S. 292.

12 Vgl. Marchandiau, Jean-Noël, L'illustration. 1843–1944. Vie et mort d'un journal. Toulouse: Privatverl., 1987; sowie die firmengeschichtliche Internetseite der *Illustration* unter http://www.lillustration.com/De-Ludovic-Baschet-a-Louis-Baschet-une-famille-au-service-de-la-presse-et-de-l-edition-d-art_a174.html (13.10.2016).

13 La Rampe. Revue des théâtres, music-halls, concerts, cinématographes, 2. Jg., Nr. 21 (1.6.1916), S. 6.

14 Le Pour et le Contre, Nr. 25 (31.12.1916), S. 4.

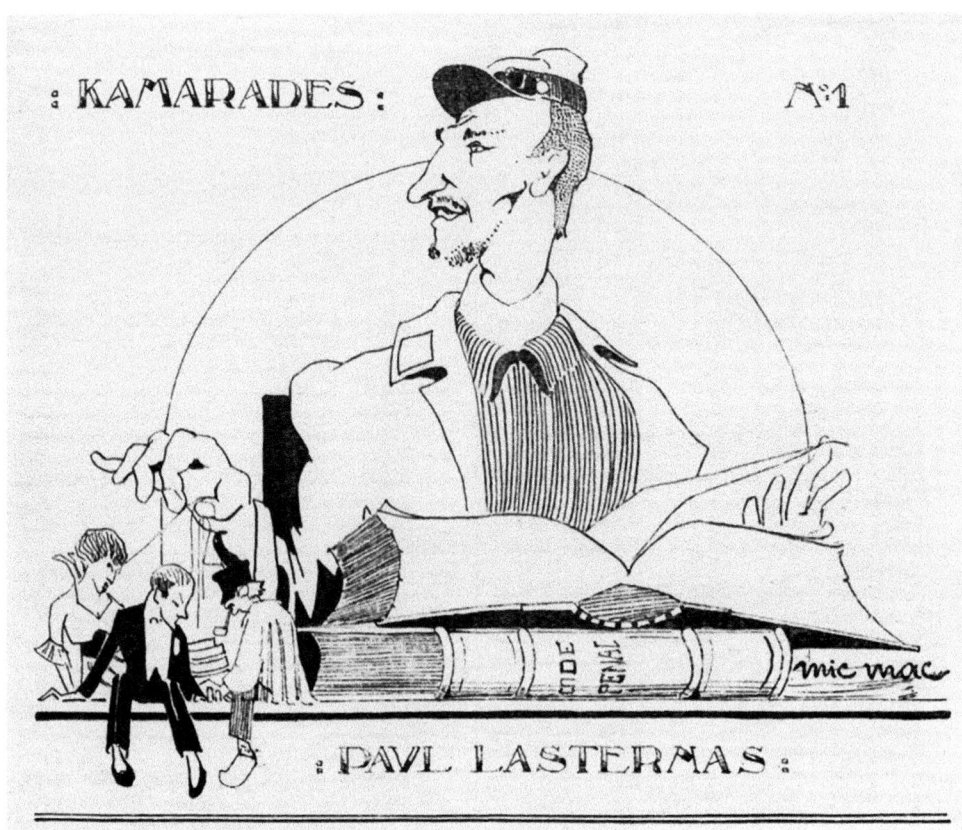

Karikatur von Paul Lasternas in *Le Pour et le Contre*, Nr. 20, S. 3
(Staatliche Bibliothek Regensburg, Signatur: IM/4Rat.civ.369)

Unser Dank für Recherchen und das Besorgen von Quellenmaterial gilt Dominik Bohmann, Institut für Romanistik, Universität Regensburg.

Wir danken für Szenenfotos der Aufführung von *La Paix chez soi* 2016 Françoise Höcherl, München, Leiterin der *Compagnie des Camaïeux*.

Vokabelhilfe für *La Paix chez soi* von Georges Courteline (1903)

Isabella von Treskow

Scène 2

se délecter de	sich an etw. weiden, ergötzen, laben
le verrou	der Riegel
pêcher	angeln; ausgraben, aufstöbern
l'agrément	der Genuss, das Vergnügen
prodigieux	großartig, wunderbar
la manne	das Manna, die Gabe des Himmels
suer	schwitzen; quälen, nerven
chanter	singen; weismachen
carotter	klauen, mopsen
s'écarter de	sich entfernen von
l'écart	Abstand, Unterschied; Abweichung
infliger	auferlegen
crasseux	schmutzig, dreckig
le grigou	der Geizkragen
l'abatis	das Fleischklößchen
corner qch. aux oreilles	die Ohren vollreden
larder	spicken
les rancunes	die Gehässigkeiten
l'égard	die Rücksicht
s'ingénier	mit allen Mitteln versuchen, etw. zu tun
la mansuétude	die Nachsicht
la dextre	die Rechte, die rechte Hand
le goujat	der Flegel
le Père-Fouettard	Knecht Ruprecht

l'âpre jouissance	die herbe Freude
répugner	zurückschrecken
la chiquenaude	der Nasenstüber
brailler	brüllen, schreien, belfern
vociférer	schreien, laut ausstoßen
tout ton soûl	nach Herzenslust
le pugilat	der Schlagabtausch
le denier	der Silberling (alte Währung)
avec tes propres deniers	von deinem eigenen Geld
démantibuler	kaputtmachen, zerstören
le trépas	das Dahinscheiden, das Verscheiden

Scène 3

abhorrer	verabscheuen, zutiefst verachten
la pâture	die Weide, das Futter
l'exécration	die Abscheu, die Verachtung
Je jette ton nom en pâture à l'exécration des générations à venir.	Ich werfe deinen Namen der Verachtung künftiger Geschlechter zum Fraße vor.
la turlurette	der Liedrefrain, der Refrain
le terrassier	der Erdarbeiter
livide	totenbleich
haleter	keuchen, schnaufen, nach Luft ringen
fléchir	nachgeben, beugen

Scène 4

flanquer	schmeißen, (hochkant) hinauswerfen
C'est le chat.	Das ist ja wohl die Höhe; Das ist der Gipfel
procurer	verschaffen
inepte	albern
Alors flûte	Jetzt reicht's
conjurer qn.	jdn. beschwören
l'effet	der Wechsel (schuldrechtliches Wertpapier, in dem die oder der Ausstellende sich oder eine dritte Person zur Zahlung in einem bestimmten Zeitraum verpflichtet)

en griser	an etw. berauschen
bondir	springen, hochspringen
C'est le comble	Das ist die Höhe!
Il est fâcheux	Schade, dass …
„Ω οἷα κεφαλή καὶ ἐγκέφαλον οὐκ ἔχει."	„Ach, ein schöner Kopf, aber von Gehirn keine Spur!" (Äsop, *Der Fuchs und die Statue*)

Teil 4:
La pratique théâtrale en cours de FLE

La pratique théâtrale en cours de FLE
Atelier animé par Adrien Payet
25 novembre 2016 à l'Université de Regensburg
« Théâtre et activités théâtrales en cours de français »
*lors de la Journée de la formation des professeurs
de français*

Intégrer des activités théâtrales en classe de FLE (Français langue étrangère) permet de finaliser l'enseignement à travers des activités ludiques. Les activités théâtrales en classe s'intègrent dans une volonté d'approche communicative et actionnelle de l'apprentissage des langues vivantes. Sans être metteur en scène chaque professeur peut faire appel à ces techniques pour dynamiser sa classe, aborder des notions de grammaire par le jeu et enfin travailler l'oral en classe.

Les activités théâtrales représentent un fort moteur de motivation pour l'apprenant. Abordés sous forme de jeu, l'apprentissage phonétique comme les notions grammaticales prennent une nouvelle dimension pour l'apprenant. Ces jeux permettent d'appliquer de manière réaliste ou vraisemblable ce qui a été appris grammaticalement au niveau du vocabulaire dans une leçon précise.

Les apprenants doivent comprendre que cette activité comporte des règles et qu'il y a des codes à respecter. Pour cela, il est indispensable qu'un espace soit dédié à l'activité. Les apprenants doivent comprendre qu'ils rentrent dans un « espace théâtral » qui ouvre de nouvelles perspectives pour leur apprentissage. Pour cela, il faut commencer par **délimiter une scène** (même très petite) et un **espace public**. Les règles découlent de ces deux espaces : sur scène **on joue**, dans l'espace public **on écoute**.

Les apprenants doivent également comprendre pourquoi le professeur intègre cette activité dans la classe. C'est le cas particulièrement pour les groupes adultes.

Même s'ils adorent souvent s'amuser, ils doivent, pour accepter l'activité, comprendre qu'elle n'est pas purement récréative et donc que le professeur sait où il les emmène avec de telles pratiques. La réponse est évidente : **le professeur utilise le théâtre pour rendre les apprenants actifs**, les transformer en « acteurs sociaux » sur une scène, pour qu'ils sachent s'adapter à toutes les situations et développer leurs **savoir-faire communicatifs**. Car apprendre une langue, ce n'est pas accumuler une source infinie de connaissances mais savoir les **mettre en pratique**. Et la scène, en classe, est un espace « in vitro » de ce qui se passe dehors, en milieu francophone.

Mais le professeur ne doit pas se limiter à expliquer, il doit également s'impliquer dans l'activité. S'il n'y a pas de honte à jouer, **c'est avant tout au professeur de montrer l'exemple**.

Aux enseignants qui me disent ne pas avoir le temps pour mettre en place ces activités, je réponds qu'il s'agit avant tout de changer leur approche, car on peut travailler la même notion de différentes manières. Par exemple au lieu faire cocher des cases à l'écoute des phonèmes [y] et [u] il est possible de demander aux apprenants de lever les bras au ciel comme dans « dess<u>us</u> » ou de les baisser comme dans « dess<u>ous</u> ». Cela dynamisera davantage les apprenants et ne prendra pas de temps supplémentaire. De même, au lieu **d'interroger** les apprenants pour vérifier qu'ils connaissent le **vocabulaire**, l'enseignant peut leur demander d'interpréter les mots **avec leur corps**, seul, à deux, à trois etc. Ce vocabulaire sera alors gravé dans la mémoire corporelle de l'apprenant d'une manière beaucoup plus profonde que s'il s'était contenté de le lire ou de l'entendre.

Lorsque l'enseignant s'investit avec sa classe dans un travail de mise en scène ou d'adaptation, cela transforme la « classe » en « troupe » et lie des relations très fortes entre les membres du groupe. Le projet devient un élément fédérateur et la représentation la récompense du travail effectué. De plus, monter une pièce de théâtre c'est toujours l'adapter, se l'approprier. Quand ce travail est fait par les apprenants, cela permet de faire varier leur regard sur le thème de l'œuvre.

Les objectifs pour le professeur :
1. OBJECTIF 1 : Dynamiser la classe

La capacité d'attention des apprenants varie en fonction de nombreux vecteurs. Le premier est celui de l'emploi du temps : en entrant en cours de français un apprenant se comportera différemment s'il sort d'un cours de gymnastique ou de mathématique. S'ajoute à cela le vecteur personnel influant sur l'état d'esprit de chaque apprenant. Un temps d'adaptation est évidemment nécessaire entre le moment où l'élève entre en classe et le commencement effectif du cours. C'est à ce moment qu'un certain nombre d'activités de dynamisations peuvent se mettre en place. Ces activités auront pour but de replacer l'apprenant dans le cours de français tout en introduisant les points de langues travaillés dans la séance.

Exercice de dynamisation en cercle :
Exemple 1 : Les balles de couleurs

Objectif pédagogique : Vocabulaire des couleurs
Objectif personnel : la concentration et l'écoute
Niveau : Débutant A1 / A2
Durée : Cinq à dix minutes
Lieu : En classe
Support pédagogique : aucun
Séquence du jeu :
    Avant le jeu : révision du vocabulaire des couleurs
    Après le jeu : mélange des couleurs utilisées par les balles imaginaires
Déroulement :
Le professeur et ses apprenants forment un cercle. Le professeur sort une balle de couleur imaginaire de sa poche. Tant qu'il l'aura en sa possession il répétera sa couleur, par exemple le rouge. Il la lance à un apprenant, qui va également jouer avec et répéter sa couleur.
La balle circule dans le cercle en démultipliant les jeux de mime. Le professeur sort alors une deuxième balle imaginaire de sa poche d'une autre couleur. Les deux balles circulent alors dans le cercle. En fonction du niveau de concentration des apprenants on peut multiplier le nombre de balles.

Remarque :
Cet exercice simple demande un effort de concentration aux apprenants et permet de parcourir divers champs lexicaux. L'exercice peut être transformé à la guise du professeur pour travailler sur le vocabulaire des formes, des objets, des émotions etc.

OBJECTIF 2 : Aborder des notions grammaticales par le jeu

Ces exercices visent à une réalisation des tâches à travers une approche vivante. C'est l'occasion pour l'élève de créer des automatismes à travers des jeux de dynamisation et de rapidité. Ces activités permettent de comprendre les notions de grammaire à travers un vécu qui sera obtenu grâce au jeu. Il ne s'agit plus d'apprendre mais de vivre la langue et ses complexités. Dans les stages de formation de formateurs, il est possible d'apprendre à théâtraliser la grammaire à travers la création et l'interprétation de courtes histoires.

Jeux de dynamisation :
Exemple 1 : Les quatre points cardinaux
Niveau : tous les niveaux
Type : dynamisation en mouvement
Objectifs pédagogiques : révisions multiples de grammaire et de vocabulaire
Objectifs personnels : rapidité et concentration
Durée : 10 minutes
Participation : toute la classe
Lieu : en classe – espace de jeu
Matériel : 4 chaises
Support pédagogique : fiches cartonnées

Avant le jeu
- Choisir le vocabulaire ou la règle de grammaire à exploiter.
- Délimiter l'aire de jeu en plaçant quatre chaises aux quatre extrémités.
- Écrire quatre champs lexicaux et placer les fiches sur les chaises. Exemples : les couleurs, les animaux, les végétaux, le corps.

Déroulement
Les participants marchent sur l'aire de jeu en occupant tout l'espace. Lorsque le professeur énonce un mot, tous les participants se dirigent vers la chaise correspondant au champ lexical du mot. Les 5 premiers à arriver restent sur place. Les autres continuent à jouer. Par exemple, le mot « chat » correspond à la chaise « animaux ». Certains mots peuvent avoir une double appartenance.
Exemple : *rose* = *végétaux* et *couleurs*. La première ou le premier arrivé_e à la chaise a gagné et le jeu se poursuit.

Variante
Cet exercice peut se réaliser avec un autre type de fiches :
- fiches de grammaire : *nom, verbe, adjectif, déterminant*
- fiches de conjugaison : *verbes conjugués au présent, futur, imparfait, passé composé*

Exemples pris de la pièce *La Paix chez soi* (1903) de Georges Courteline :

présent : je ne sais pas, je fais, tu ne penses pas, il me semble, je te souhaite, elle ne voit jamais, tu veux, je ne peux pas, tu perds, tu viens, je réussis, je me lève (scène 2 et scène 4)

futur composé : je vais te garder, je vais devenir [folle], tu vas me donner (sc. 2), je vais me jeter (scène 2 et scène 4)
futur simple : ça te changera (sc. 4), tu me le retiendras (sc. 4), tu voudras (sc. 4), tu ne crieras pas (sc. 4), tu verras (sc. 4), elle passera (sc. 4), je verrai (sc. 4), nous ferions (sc. 2), je le paierai (sc. 2), je triompherai (sc. 2), je mettrai (sc. 2)

imparfait : je pensais (sc. 4), tu te trompais (sc. 4), [les robes] te faisaient [belle] (sc. 4), je croyais (sc. 4), il était (sc. 4), elle avait (sc. 4), j'avais (sc. 2)

passé composé : je n'ai [pas] pu réussir (sc. 4), je t'ai battue (sc. 4 ; avec l'accord : battu<u>e</u>), avoir été (sc. 4)

d'autres exemples pris de *La Paix chez soi* : *j'ai tout fait, tu t'en es pas aperçue, j'ai eu, tu as fait, j'ai imité, elle y est arrivée, tu l'as cassée, je me suis laissé tenter, j'ai proposé, il a dit*

- fiches sur un point de civilisation ou d'histoire : par exemple 4 dates importantes de la Révolution Française. Les 5 apprenants arrivés à chaque espace rejouent ensuite une petite scène caractéristique de cette date ; un autre exemple : la situation des prisonniers de guerre à Ratisbonne en Bavière :

– *28 juin 1914 : Assassinat de l'archiduc autrichien François-Ferdinand et de son épouse à Sarajevo par Gavrilo Princip*
– *28 juillet 1914 : L'Autriche-Hongrie déclare la guerre à la Serbie*
– *1er août 1914 : L'Allemagne déclare la guerre à la Russie, mobilisation générale en Allemagne*
– *2 août 1914 : Mobilisation générale en France*
– *3 août 1914 : L'Allemagne déclare la guerre à la France et à la Belgique*
– *24 août 1914 : Les premiers prisonniers français arrivent à Ratisbonne*
– *30 janvier 1916 : La troupe « Les Ratis-Bouffes », composée de prisonniers français de Ratisbonne, joue la pièce de théâtre « La Paix chez soi » de Georges Courteline au camp de Ratisbonne*

– *21 février 1916 : Début de la bataille de Verdun, « Verdun » durera jusqu'en automne 1916*
– *11 novembre 1918 : L'Armistice de Rethondes, Compiègne*

OBJECTIF 3 : Travailler l'oral de manière ludique

Les exercices provenant du théâtre ont pour avantage de plonger l'apprenant dans une situation qui est mise en contexte à travers des personnages et un univers dramatique. Il est important de prendre en considération que la prise de parole en français est une action non naturelle pour l'apprenant. Le jeu permet de dénouer ce blocage car il fait appel à d'autres moyens de communication tels que l'expression corporelle. En se prenant au jeu et entraîné par le groupe, l'apprenant se libère de l'appréhension de la prise de parole, se concentre davantage sur le jeu que sur ses peurs.

Exemple 1 : La chaise convoitée

Objectifs pédagogiques : Utilisation du conditionnel, de l'impératif et de diverses formes interrogatives. Utilisation de formules de politesse.
Objectifs personnels : Apprendre à convaincre et s'entrainer à la répartie
Niveau : Intermédiaire et avancé (de B1 à C2)
Durée : Cinq minutes maximum par improvisation
Lieu : En classe
Support pédagogique : aucun
Séquence du jeu :
    Avant le jeu : Les élèves imaginent des personnages et le lieu de l'action
    Après le jeu : discussion de groupe autours des techniques de communication utilisées. Possibilité de créer les cartes d'identité des personnages incluant la description du caractère.

Déroulement :

A est assis sur une chaise. B cherche à le convaincre de lui laisser sa place sans pouvoir le toucher. Suite à plusieurs formes de persuasion B réussit à prendre la place de A.

Utilisation pédagogique :

Faire des propositions au conditionnel avec « si ».
Ex : Si tu me laissais la place, je t'offrirais un cadeau merveilleux.

Recherche de formule de politesse :
Chère madame, auriez-vous la gentillesse de me prêter cette chaise ?

Possibilité de varier les types d'expression et de langage en fonction des personnages interprétés.

Utiliser la forme impérative. Ex : Maintenant, donne-moi la chaise !

Utiliser des expressions de surprise ou de désarroi. Ex : C'est trop ! Cela dépasse la mesure ! C'est incroyable ! C'est inadmissible ! Quand-même ! Franchement ! …

Exemples pris de la pièce *La Paix chez soi* (1903) de Georges Courteline :

C'est prodigieux ! (sc. 2), Belle question ! (sc. 2), Qu'est-ce que c'est que ça ? (sc. 2), Eh bien ! (sc. 4), Et puis, que fais-tu là ? (sc. 4), Mais c'est un faux ! (sc. 4), Mazette ! (sc. 4), Ça y est ! (sc. 4)
C'est le comble ! (Scène 4) [C'est le chat ! (Scène 4, ne s'utilise plus)]

Remarque : il est important d'expliquer le concept de « chute » aux participants pour ne pas éterniser l'improvisation. Improviser c'est construire un scénario à plusieurs sans préparation préalable. Cela exige une réelle écoute entre participants et la recherche d'une communication permettant un échange intéressant pour la scène. La personne assise est censée aider implicitement la personne debout pour trouver le bon moyen de créer la fin de l'improvisation.
De nombreux exercices (110 au total) ainsi qu'une approche méthodologique détaillée de l'activité sont présentés dans le livre *Activités théâtrales en classe de langue*, Adrien Payet, CLE International 2010.
   Le site du formateur www.fle-adrienpayet.com contient également de nombreuses ressources pour le théâtre et de manière plus large la créativité en classe de français langue étrangère.

Texte : Adrien Payet, Rédaction : Isabella von Treskow

Weiterführende Literatur zu den drei *Kleinen Schriften der Staatlichen Bibliothek Regensburg*

Abbal, Odon, *Soldats oubliés. Les prisonniers de guerre français*. Bez-et-Esparon: E&C, 2001.
Asholt, Wolfgang, *Gesellschaftskritisches Theater im Frankreich der Belle Epoque. 1887–1914*. Heidelberg: Carl Winter Verlag, 1984.
Asholt, Wolfgang, *Französische Literatur des 19. Jahrhunderts*. Stuttgart: Metzler, 2006.
Auriol, Jean-Claude, *Les barbelés des bannis : La tragédie des prisonniers de guerre français en Allemagne pendant la Grande Guerre*. Paris: Tirésias, 2002.
Autrand, Michel, *Le théâtre en France de 1870 à 1914*. Paris: Honoré Champion, 2006.
Autrusseau, Jacqueline, *Labiche et son théâtre. Essai*. Paris: L'Arche, 1971.
Bauer, Karl, *Regensburg. Kunst-, Kultur- und Alltagsgeschichte*. Regenstauf: MZ, ^{6}2014 [erstmals zweibändig, Regensburg, 1961].
Becker, Jean-Jacques (Hrsg.), *Histoire culturelle de la Grande Guerre*. Paris: Colin, 2005.
Bohmann, Dominik, „Das Kriegsgefangenenlager am Unteren Wöhrd während des Ersten Weltkrieges", in: Lübbers, Bernhard/Reichmann, Stefan (Hrsg.), *Regensburg im Ersten Weltkrieg. Schlaglichter auf die Geschichte einer bayerischen Provinzstadt zwischen 1914 und 1918*. Regensburg: Morsbach (= *Kataloge und Schriften der Staatlichen Bibliothek Regensburg*; 10) 2014, S. 139–153.
Borgmeyer, Anke/Hubel, Achim u. a., *Stadt Regensburg. Ensembles – Baudenkmäler – Archäologische Denkmäler*. Regensburg: Mittelbayerische (= *Denkmäler in Bayern. III Oberpfalz*; 37), 1997.
Brunet, Brigitte, *Le théâtre de boulevard*. Paris: Nathan, 2004.
Fauser, Annegret (Hrsg.), *Von Wagner zum Wagnérisme. Musik, Literatur, Kunst, Politik*, Leipzig: Leipziger Universitätsverlag, 1999.
Häußler, Rudolf, *Das Nachrichten- und Pressewesen der feindlichen Kriegsgefangenen in Deutschland 1914–1918*, Berlin: Hiehold, 1940.
Haymann, Emmanuel, *Labiche ou l'esprit du Second Empire*. Paris: Orban, 1988.
Hinz, Uta, *Gefangen im Großen Krieg. Not kennt kein Gebot? Kriegsgefangenschaft in Deutschland. 1914–1921*. Essen: Klartext (= *Schriften der Bibliothek für Zeitgeschichte: Neue Folge*; 19), 2006.
Klein, Jean-Claude, *La chanson à l'affiche. Histoire de la chanson française du café-concert à nos jours*, Paris: Du May, 1991.

Köhne, Julia B./Lange, Britta/Vetter, Anke (Hrsg.), *Mein Kamerad – die Diva. Theater an der Front und in Gefangenenlagern des Ersten Weltkriegs*. Berlin: Schwules Museum*/München: edition text + kritik, 2014.

Leclercq, Nicole, „De la culture dans les camps de prisonniers ? Allemagne 1914–1918", in: Laserra, Annamaria/Leclercq, Nicole/Quaghebeur, Marc (Hrsg.), *Mémoires et antimémoires littéraires au XXe siècle*. 2 Bde. Bd. 1: *La Première Guerre mondiale*. Bruxelles et al.: Peter Lang, 2008, S. 219–272.

Lübbers, Bernhard/Reichmann, Stefan (Hrsg.), *Regensburg im Ersten Weltkrieg. Schlaglichter auf die Geschichte einer bayerischen Provinzstadt zwischen 1914 und 1918*. Regensburg: Morsbach (= *Kataloge und Schriften der Staatlichen Bibliothek Regensburg*; 10), 2014.

Meyer-Plantureux, Chantal (Hrsg.), *Le théâtre monte au front*. Paris: Ed. Complexe, 2008.

Oltmer, Jochen (Hrsg.), *Kriegsgefangene im Europa des Ersten Weltkriegs*. Paderborn/München: Schöningh (= *Krieg in der Geschichte*; 24), 2006.

Pöppinghege, Rainer, *Im Lager unbesiegt. Deutsche, englische und französische Kriegsgefangenen-Zeitungen im Ersten Weltkrieg*. Essen: Klartext, 2006.

Pörzgen, Hermann, *Theater ohne Frau. Das Bühnenleben der kriegsgefangenen Deutschen*. Königsberg Pr./Berlin: Ost-Europa Verlag, 1933.

Sallée, André/Philippe Chauveau, *Music-hall et café-concert*, Paris: Bordas, 1985.

Schmid, Alois, *Regensburg. Reichsstadt – Fürstbischof – Reichsstifte – Herzogshof*. Regensburg: Kommisson für Bayerische Landesgeschichte (= *Historischer Atlas von Bayern. Teil Altbayern*; 60), 1995.

Schmidt, Wolfgang, *Eine Stadt und ihr Militär. Regensburg als bayrische Garnisonsstadt im 19. und frühen 20. Jahrhundert*. Regensburg: Mittelbayerische (= *Studien und Quellen zur Geschichte Regensburgs*; 7), 1993.

Schwartz, Manuela (Hrsg.), *Vincent d'Indy et son temps*. Sprimont: Mardaga, 2006.

Scott, James Brown (Hrsg.), *Les conférences de la paix de La Haye de 1899 et 1907*. 3 Bde. Paris: Pédone, 1927.

Traeger, Jörg, *Der Weg nach Walhalla. Denkmallandschaft und Bildungsreise im 19. Jahrhundert*. Regensburg: Bosse, 1991.

Treskow, Isabella von, „Captif je suis… Gefangenschaft und kulturelles Leben französischer Soldaten im Ersten Weltkrieg in Regensburg", in: Lübbers, Bernhard/Reichmann, Stefan (Hrsg.), *Regensburg im Ersten Weltkrieg. Schlaglichter auf die Geschichte einer bayerischen Provinzstadt zwischen 1914 und 1918*. Regensburg: Morsbach (= *Kataloge und Schriften der Staatlichen Bibliothek Regensburg*; 10), 2014, S. 119–137.

Unger, Klemens/Styra, Peter/Neiser, Wolfgang (Hrsg.), *Regensburg zur Zeit des Immerwährenden Reichstags. Kultur-historische Aspekte einer Epoche der Stadtgeschichte*. Regensburg: Schnell & Steiner, 2013.

Volpe-Pühringer, Theresa, *Implizite Sozialkritik in den Komödien von Labiche: der Bürger in Stress-Situationen*. Würzburg: Königshausen & Neumann, 2007.

Wagner, Christoph (Hrsg.), *Die Befreiungshalle Kelheim. Geschichte, Mythos, Gegenwart*. Regensburg: Schnell & Steiner (= *Regensburger Studien zur Kunstgeschichte*; 18), 2012.

https://www.admin.ch/opc/de/classified-compilation/19070034/index.html#app1

Index

Personen

Allier, Gabriel (1863–1924) 63
Arnulf von Kärnten, röm.-dt. Kaiser (um 850–899) 23 (Fn.)
Äsop (6. Jh. v. Chr.) 98, 124
Auclert, Hubertine (1848–1914) 94
Aventin, Johannes (1477–1534) 36 (Fn.)

Baschet, Louis (1889–1972) 120
Baschet, René (1860–1849) 120
Baudelaire, Charles (1821–1867) 65, 67
Beckett, Samuel (1906–1989) 70
Beethoven, Ludwig van (1770–1827) 59, 86
Bénech, Louis (1875–1925) 85
Berger, Rodolphe (1864–1916) 57
Bernard, Tristan (1866–1947) 84, 119
Bertin, Émile (1887?–1920/nach 1920?) 103, 119, 120
Besancenot, Alfred (1886–?) 14, 15, 17, 20, 21 (Fn.), 23, 28, 30, 38, 42, 49, 52
Bismarck, Otto von (1815–1898) 50
Bizet, Georges (1838–1875) 57
Blomberg, Barbara (1527–1597) 44
Bocksberger, Melchior (1537–1587) 42 (Fn.)
Brieux, Eugène (1858–1932) 70, 115 (Fn.)
Bruant, Aristide (1851–1925) 63
Byron, George Gordon Lord (1788–1824) 97

Cardon, Charles (1894–1956) 120
Carton, Louis (1889–1955) 77–80, 120
Chaplin, Charlie (1889–1977) 69
Chéreau, Patrice (1944–2013) 69–71
Collet, André Joubert du (17. Jh./18. Jh.) 85
Celtis, Conrad (1459–1508) 36/38 (Fn.)
Courteline, Georges (1858–1929) 8, 70, 89, 93, 95–103, 112, 114, 122, 129, 131
Craco s. Krako

Cuspinianus, Johannes (1473–1529) 36, 38 (Fn.)

Dalberg, Carl von (1744–1817) 26, 28, 38 (Fn.)
Daris, Jean (1869–1934) 85
Debussy, Claude (1862–1918) 57
Degas, Edgar (1834–1917) 63
Desmoulins, Romain (1881–1939) 85
Dollinger, Hans, Sagengestalt (wohl 10. Jh.) 31
Dreyfus, Alfred (1859–1935) 95

Eck, Johannes (1486–1543) 43
Emmeram, Hl. (7. oder 8. Jh.) 22
Erasmus von Rotterdam, Desiderius (um 1467–1536) 38 (Fn.)

Ferdinand II., röm.-dt. Kaiser (1578–1637) 25 (Fn.)
Feydeau, Georges (1862–1921) 67, 70, 112
Flaubert, Gustave (1821–1880) 65, 67
Franz Ferdinand, Erzherzog von Österreich (1863–1914) 129
Friedrich I. Barbarossa, röm.-dt. Kaiser (1122–1190) 23
Friedrich II., röm.-dt. Kaiser (1194–1250) 24

Gauwin, Adolphe (1865–1934) 85
Gennaro, Marcel (1888–1977) 59, 60, 64
Gounod, Charles (1818–1893) 57
Grüber, Klaus-Michael (1941–2008) 70
Gründgens, Gustav (1899–1963) 67
Guilbert, Yvette (1865–1944) 63
Guitry, Sacha (1885–1957) 112

Hahn, Reynaldo (1874–1947) 85

Heinrich II., König von Frankreich (1519–1559) 44 (Fn.)
Heinrich II., röm.-dt. Kaiser (um 973–1024) 23
Heine, Heinrich (1797–1856) 59, 85
Henkel, Karin (geb. 1970) 70
Hugo, Victor (1802–1885) 78

Ionesco, Eugène (1909–1994) 112

Jarry, Alfred (1873–1907) 71
Jelinek, Elfriede (geb. 1946) 70
Jourdheuil, Jean (geb. 1944) 69, 70

Kafka, Franz (1883–1924) 103
Karl V., röm.-dt. Kaiser (1500–1558) 44
Karl der Große, röm. Kaiser und König der Franken (um 747–814) 22, 23, 28, 45, 52
Käutner, Helmut (1908–1980) 67
Keaton, Buster (1895–1966) 69
Kepler, Johannes (1571–1630) 35, 36 (Fn.)
Kistemaeckers, Henry Hubert Alexandre (1872–1938) 103, 120
Klara, Hl. (um 1193–1253) 27 (Fn.)
Konrad I., röm.-dt. König (um 881–918) 23
Krahl, Hilde (1917–1999) 67
Krako, Sagengestalt 31

Labiche, Eugène (1815–1888) 8, 53, 65, 67, 69–71, 86, 112, 115
Lasternas, Paul (1886–1947) 77–79, 103, 119, 120
Lefébure, René (1888–1941) 120
Leo Thundorfer, Bischof von Regensburg (1225–1277) 38, 42
Ludwig I., König von Bayern (1786–1868) 39, 49–51
Ludwig III., König von Bayern (1845–1921) 48
Ludwig II. der Deutsche, König des Ostfrankenreichs (um 806–876) 22
Ludwig, Dombaumeister (ggf. identisch mit dem „Erminoldmeister") (13. Jh.) 39

Maillart, Aimé (1817–1871) 59
Maria Magdalena, Hl. (vmtl. 1. Jh. v. Chr./1. Jh. n. Chr.) 42

Marivaux, Pierre Carlet de (1688–1763) 112
Marthaler, Christoph (geb. 1951) 70
Marx, Karl (1818–1883) 67
Massenet, Jules (1842–1912) 57, 60
Maximilian I., bayer. Kurfürst (1573–1651) 25
Melanchthon, Philipp (1497–1560) 43
Mercherdach (11. Jh.) 36
Merian, Matthäus (1593–1650) 43 (Fn.)
Mirande, Yves (1876–1957) 80
Molière (Jean-Baptiste Poquelin; 1622–1673) 70, 112, 115 (Fn.)
Moltke, Helmuth von (1800–1891) 32 (Fn.), 50
Moos, Bathilde (1854–1932) 63
Mozart, Wolfgang Amadeus (1756–1791) 59
Musset, Alfred de (1810–1857) 70, 112

Napoleon I. Bonaparte, frz. Kaiser (1769–1821) 14, 15, 26–28, 35, 38, 49, 52, 119
Napoleon III. Bonaparte, frz. Kaiser (1808–1873) 28, 67

Obaldia, René de (1918–2022) 112
Offenbach, Jacques (1819–1880) 67

Princip, Gavrilo (1894–1918) 129
Privas, Xavier (1863–1927) 63
Pulver, Liselotte (geb. 1929) 67

Rehbach, Johann Jakob (1774–1849) 29 (Fn.)
Rupert, Hl. (um 650–718) 22, 32 (Fn.)
Roritzer, Konrad (um 1410–nach 1477) 39
Roritzer, Matthäus (um 1430–um 1492) 39
Rousseau, Jean-Jacques (1712–1778) 97

Scribe, Eugène (1791–1861) 65, 70
Schubert, Franz (1797–1828) 59
Schumann, Robert (1810–1856) 59, 85
Shakespeare, William (1564–1616) 79, 98
Soupault, Philippe (1897–1990) 69
Stein, Peter (geb. 1937) 69, 70

Tassilo II., Herzog von Bayern (8. Jh.) 22
Tassilo III., Herzog von Bayern (um 742–794) 22 (Fn.)

Theodo, Herzog von Bayern (um 680–717) 32 (Fn.)
Thurn und Taxis, Albert von (1867–1952) 29 (Fn.)
Thurn und Taxis, Carl Anselm von (1733–1805) 36 (Fn.)
Toulouse-Lautrec, Henri de (1864–1901) 63
Tschechow, Anton Pawlowitsch (1860–1904) 70

Vincent, Jean Pierre (1942–2020) 69

Wagner, Richard (1813–1883) 50, 59
Widor, Charles-Marie (1844–1937) 85
Wilhelm I., König von Preußen, dt. Kaiser (1797–1888) 44, 50

Zola, Emile (1840–1902) 95

Orte

Regensburg (auch Ratisbonne, Radasbona, Reganesburg) wurde nicht eigens im Index erfasst.

Alten-Grabow 119
Amberg 9, 45 (Fn.), 105, 107
Amberg-Kümmersbruck 9, 89, 102, 105, 107
Αθήνα (Athen) 49

Berlin 59, 65, 70, 112, 119 (Fn.)
Bern 119
Birmingham 8
Bordeaux 77, 120
Bruxelles (Brussels, Brüssel) 112
Burgweinting 13

Compiègne 130
Cutry 78

Den Haag 56, 72, 73
Donaustauf 49

Frankfurt a. M. 26

Gennevilliers 69

Genova (Genua) 24, 25, 52
Graz 112

Île longue 8

Karlsruhe 112
Katzenau 9
Kelheim 15, 39 (Fn.), 51
Київ (Kiew) 24
Konstantinopel 24
Konstanz 119
Kümmersbruck 9, 89, 102, 105, 107

Leipzig 50, 51
Linz 9

Malaga 8

Nürnberg 112

Obernzell 29 (Fn.)
Osnabrück 10

Paris 55, 63, 67, 69, 77, 78, 82, 91, 93, 103, 112, 117, 119, 120
Passau 29 (Fn.)
Pentling 13

Reinhausen 13
Rethondes 130

Saint-Martin-Vésubie 8
Saint-Sulpice d'Excideuil 77
Salzburg 32 (Fn.), 112
Sarajevo 129
Stadtamhof 13, 25, 28
Strasbourg (Straßburg) 69

Toulouse 8
Tours 93

Venezia (Venedig) 24, 25, 52
Verdun 14, 17, 130

Waterloo 50
Wien 30 (Fn.), 70, 112